Iraní Tomiatto de Oliveira

Psicoterapia Breve Infantil

Planejamento do processo

Iraní Tomiatto de Oliveira

Psicoterapia Breve Infantil

Planejamento do processo

Artesã

Psicoterapia Breve Infantil - Planejamento e Processo

1ª Edição - 1ª reimpressão novembro 2025

DIRETOR
Alcebino Santana

DIREÇÃO DE ARTE
Tiago Rabello

CAPA
Artesã Editora

PROJETO GRÁFICO E DIAGRAMAÇÃO
Casa de Ideias

12-0108 Psicoterapia breve infantil: planejamento do processo / Iraní Tomiatto de Oliveira. – 3ª ed. – Belo Horizonte : Artesã, 2021.

200 p. ; 23 cm.

ISBN: 978-65-86140-47-27

1. Psicoterapia breve infantil. 2. Psicologia infantil. I.Título

CDU 150.195

Catalogação: Aline M. Sima CRB-6/2645

IMPRESSO NO BRASIL
Printed in Brazil

(31)2511-2040 (31)99403-2227
www.artesaeditora.com.br
Rua Rio Pomba 455, Carlos Prates - Cep: 30720-290 | Belo Horizonte - MG
/artesaeditora

SUMÁRIO

"[...] o sentimento de confiança do bebê é um reflexo da fé parental; analogamente, o sentimento de autonomia é um reflexo da dignidade dos pais como seres autônomos. Pois seja o que for que façamos em detalhe, a criança sentirá primordialmente o que é que rege as nossas vidas como seres amorosos, cooperantes e firmes, e o que nos faz odiosos, angustiados e divididos em nós próprios."

Erik Erikson

PREFÁCIO

É com muita satisfação e honra que apresento esta obra à comunidade científica brasileira da área da psicologia clínica. É a mesma satisfação que tive ao acompanhar este trabalho que, tendo dado origem à tese de doutorado de Iraní Tomiatto de Oliveira, está agora sendo divulgado como livro.

De fato, estas ideias e propostas precisam ser conhecidas, divulgadas e aproveitadas. Nós todos, psicólogos, estudantes e professores, precisamos deste trabalho, assim como da competência e eficiência de sua autora.

Apresentar este livro e ter acompanhado todo este trabalho permitiu a mim e ao grupo que coordeno[1] aprendizagens e desenvolvimentos de que agora o leitor também poderá desfrutar.

A autora vem trilhando carreira profissional e acadêmica destacada. Além de atuar como psicóloga clínica há anos, desempenhou a função de docente, supervisora e coordenadora de curso de Psicologia em importantes universidades de São Paulo.

---

[1] Apoiar – Projeto inserido no Laboratório de Saúde Mental e Psicologia Clínica Social de Psicologia Clínica do Instituto de Psicologia da USP.

Nos conhecemos, Iraní Tomiatto de Oliveira e eu, há mais de três décadas, quando ela desempenhou função de monitora e assistente em disciplinas da minha graduação. Nesse período, vivido nos velhos e saudosos barracões do Instituto de Psicologia da USP (IPUSP), comecei a aprender com ela. Pudemos nos encontrar em outros momentos e situações de trabalho, ao longo desses anos, cada uma seguindo seu caminho na vida e na profissão.

Há poucos anos, Iraní veio ao Instituto de Psicologia da Universidade de São Paulo se inscrever no curso de Pós-Graduação em Psicologia Clínica, no nível de doutorado. Passando por todo o processo, tendo sido aprovada com brilhantismo, solicitou-me que fosse sua orientadora. Aí estaríamos a viver uma outra relação, no mesmo IPUSP, não mais nos velhos barracões, mas no mesmo espaço, em outro tempo. Empreendemos, então, uma nova fase em nosso relacionamento: a de orientadora e orientanda.

Deu-me muita satisfação recebê-la e poder abrir-lhe espaço para que desenvolvesse seu trabalho pioneiro e inovador, decorrente de uma sólida experiência de muitos anos de estudo na área da psicologia clínica, com domínio na área da psicoterapia breve e, de forma especial, da Psicoterapia Breve Infantil (PBI). Por meio de nossa relação, sempre pautada por respeito e admiração, acompanhei este trabalho e aprendi com ela – pois, em seu tema, a mestre é ela.

Disse recentemente uma ilustre psicóloga brasileira, em comunicação aberta[2], que, em russo, os verbos ensinar e aprender têm a mesma raiz. Então, entre nós duas essa interação é mais do que verdadeira. Se foi possível partilhar de minha experiência, ministrar disciplina, discutir o desenvolvimento do trabalho, creio que pude aprender muito mais do que ensinar durante os anos de seu doutorado, que passaram rapidamente.

Seu trabalho foi desenvolvido e concluído; deu origem à tese apresentada e defendida, com brilhantismo, junto ao Programa de Pós-Graduação em Psicologia Clínica. Assim, a doutora Iraní Tomiatto de Oliveira e eu continuamos nossa relação, como companheiras, com o mesmo respeito e admiração.

2 Dra. Silvia Koller, brilhante pesquisadora e professora da psicologia brasileira, em lista de e-mails em grupo.

Convidei a autora para ministrar um curso breve sobre a PBI no Apoiar; muitas pessoas ficaram em lista de espera para a inscrição. Sucesso absoluto: os psicólogos clínicos querem conhecer e aprender com ela essa forma de assistência psicológica, extremamente necessária, pois pode atingir uma expressiva parcela da população de crianças e pais que necessitam de atenção e cuidado.

Agora, a autora convida-me para prefaciar esta obra!

Bem, aqui estou: este livro traz uma importante contribuição, pois, apesar de tão valiosa, a PBI tem sido objeto de poucos estudos dentro e fora do Brasil; disso decorre a maior importância desta obra.

Iraní Tomiatto de Oliveira nos apresenta sua contribuição inédita, trazendo conhecimentos e diretrizes que permitem o planejamento da PBI, como expõe o título do trabalho.

O livro está dividido em capítulos que tratam da origem e evolução da PBI, detendo-se nas principais propostas de psicoterapia breve com crianças. Traz as ideias e contribuições de autores estadunidenses, dos grupos europeus e de autores sul-americanos bastante conhecidos em nosso meio (Arminda Aberastury e Maurício Knobel). Destaque especial é dado, inclusive, ao grupo do qual ela fez parte, que produziu estudos e publicações na área da psicoterapia breve e da PBI: o Núcleo de Estudos e Pesquisas em Psicoterapia Breve (NEPPB).

Em seguida, a obra traz o delineamento de modelos de Psicoterapia Breve Infantil.

Importante contribuição deste livro é a descrição da vertente do desenvolvimento infantil de Erik Erikson. Autor estudado nos idos dos velhos barracões do IPUSP, sua teoria se constitui, na verdade, em conceitos e proposições muito atuais. Conhecer as concepções desse autor no que diz respeito ao desenvolvimento – incluindo toda a vida – e a seus nove estágios de evolução é relevante nesta obra, pois embasa a PBI apresentada; mas também é uma teoria que pode ser de extrema utilidade na compreensão dos aspectos e fatores que perpassam toda a vida do indivíduo.

Assim, essa leitura ou releitura de Erikson é muito recomendável, e tem sido muito importante nos distintos projetos de nosso grupo (Tardivo; Gil, 2008) relacionados a todas as fases de desenvolvimento, inclusive à velhice, também considerada fase de desenvolvimento.

Finalmente, a PBI é proposta aqui a partir desse referencial. Iraní Tomiatto de Oliveira apresenta como essa forma de atenção psicológica pode ser desenvolvida, considerando os aspectos e fatores presentes em cada uma das fases de desenvolvimento da criança, enfocando os quatro primeiros estágios da teoria formulada por Erikson.

A autora inclui seis casos clínicos, ilustrativos, abrangendo as referidas fases de desenvolvimento. Em todos os casos, Iraní nos apresenta um diagnóstico breve realizado em clínica-escola, objetivando uma compreensão que permita a avaliação da necessidade e da possibilidade de uma psicoterapia breve.

Nesse capítulo, ela se apresenta como uma pesquisadora clínica que capta e interpreta as sutilezas do fenômeno que ela se propõe a estudar: o sofrimento emocional de crianças e seus pais. Ela vai, assim, expondo recomendações a partir da experiência, embasando o planejamento com uma absoluta consistência teórica.

Dessa forma, vale a pena ler, estudar, conhecer mais, desenvolver grupos de estudo, cursos, fazer PBI. Cada vez mais nossas crianças e pais precisam de ajuda, e a PBI se apresenta como uma alternativa, como Iraní coloca, extremamente útil na clínica de hoje.

Ela nos presenteia com uma obra muito útil para o estudante, para o profissional mais experiente e para o pesquisador – enfim, para todos que atuam na psicologia clínica e a estudam.

A autora, na tese de doutorado que deu origem a este livro, me faz um comovente agradecimento pela orientação, confiança e liberdade que pude dar a ela durante o período da realização de seu trabalho. Agora é minha vez de expressar minha gratidão por me convidar a prefaciar esta obra, pela convivência, por ter podido acompanhar o desenvolvimento deste trabalho que frutificou em livro, agora publicado. Agradeço por ter podido aprender, por aprender mais, pelos que aprenderão com estas ideias e propostas e desenvolverão seus trabalhos dedicando-se à psicoterapia breve infantil.

Sei que Iraní vai continuar a nos ensinar, com suas aulas e supervisões; deve continuar a pesquisar, escrever e publicar. Assim, espero que nós todos possamos desenvolver, como ela, uma clínica responsável, coerente e valiosa nos dias de hoje, quando é preciso atuar em menos tempo e com muita eficiência e cuidado, com métodos embasados, como esse ao qual o livro é dedicado, e dentro dos princípios da ética, condições presentes neste livro que ora apresento.

Outros trabalhos poderão e deverão se desenvolver inspirados por este livro e pelas ideias nele contidas, por Iraní, por seus alunos, por meus alunos e por outros estudantes, profissionais e pesquisadores da psicologia.

Esta obra nos inspira e estimula a estudar e trabalhar, a planejar e a desenvolver, a aprender e a ensinar.

Ela tem, assim, inestimável valor, e a psicoterapia breve infantil se configura como uma alternativa de atenção psicológica que traz esperança a muitas crianças e a seus pais, que sofrem e que poderão ser ajudados a partir da proposta de Iraní Tomiatto de Oliveira.

Leila Salomão de La Plata Cury Tardivo
São Paulo, fevereiro de 2009.

APRESENTAÇÃO

As primeiras tentativas de abreviar o processo psicanalítico surgiram ainda na época de Freud, entre seus discípulos. Na verdade, o próprio Freud manifestou, por diversas vezes, sua preocupação com o prolongamento excessivo da análise e, a princípio, encorajou algumas iniciativas para abreviá-la (Freud, 1973b). Por diversas razões, no entanto, acabou por criticar essas iniciativas, e o desenvolvimento de seu trabalho levou-o à direção oposta: se os primeiros tratamentos empreendidos por ele dificilmente ultrapassavam um ano de duração, com o decorrer do tempo, passaram a se constituir em processos cada vez mais longos. Contribuiu, para isso, a mudança de seu objetivo: do tratamento de sintomas neuróticos, para a "reorganização estrutural" e para a compreensão da natureza do inconsciente e do funcionamento psíquico; a mudança do método catártico para o da associação livre; a importância atribuída à neurose de transferência; as explicações metapsicológicas, entre outros fatores.

O fato de que os primeiros tratamentos psicanalíticos empreendidos por Freud tenham tido curta duração faz com que alguns autores o considerem o precursor das psicoterapias breves. Os primeiros trabalhos clínicos de Freud guardam, no entanto, importantes diferenças em relação às propostas de psicoterapias psicodinâmicas breves surgidas posteriormente, uma vez que elas visam especificamente a desenvolver técnicas que possam abreviar a duração dos tratamentos, o que não ocorria com os anteriores. Para a redução do tempo da psicoterapia, valem-se de conhecimentos teóricos e técnicos que só surgiram com o próprio desenvolvimento da psicanálise: noções mais refinadas dos processos defensivos, dos mecanismos de transferência e contratransferência, contribuições da teoria das relações objetais e conhecimentos sobre as etapas precoces do desenvolvimento, que incluem os processos de individuação e as características específicas da relação mãe-bebê.

Quando alguns discípulos de Freud introduziram mudanças técnicas, tentando tornar menos prolongado o processo analítico, estavam motivados especialmente pelo interesse em abreviar o sofrimento dos pacientes e em evitar situações de impasse no tratamento. Foi assim com Ferenczi (1980) e sua proposta de "técnica ativa". No caso de Rank (apud Marmor, 1979), as modificações técnicas propostas se baseavam em uma concepção diferente da etiologia da neurose: esse autor considerava que uma "ansiedade primordial", gerada pelo "trauma do nascimento", está sempre subjacente à neurose, ideia posteriormente substituída pela de que a questão central, nos problemas psíquicos, está ligada aos polos entre os quais se move o ser humano: a ligação emocional e dependência, por um lado, e a separação e independência, por outro.

Nos anos que se seguiram, a difusão dos conhecimentos e dos resultados da psicanálise entre a população levou ao aumento da demanda por tratamento, exacerbado ainda pelo crescimento populacional e por situações de catástrofe social, como as guerras mundiais. Aos poucos, às questões teóricas e metodológicas se foram somando as econômicas, com parcelas cada vez mais amplas da população necessitadas de assistência psicoterápica e sem acesso a elas. O advento dos seguros-saúde, especialmente na América do Norte, trouxe ao mesmo tempo a possibilidade de ampliar o acesso aos tratamentos e enormes pressões para abreviá-los e torná-los menos onerosos. Esses são alguns dos múltiplos fatores que geraram o desenvolvimento de um grande número de propostas de psicoterapias psicodinâmicas breves.

Nosso contexto social atual nos coloca diariamente frente a essas questões, especialmente no trabalho institucional. A demanda sempre crescente e muito acima das possibilidades de oferta de serviços, a desatenção dos poderes públicos com a saúde da população, em especial com a saúde mental, a carência de profissionais, a grande heterogeneidade de casos, com gravidade nitidamente crescente, as assim chamadas patologias da pós-modernidade, acumula-se como uma grande pressão sobre o profissional, que se sente socialmente comprometido a procurar respostas e a oferecer sua contribuição.

Por outro lado, diante das pressões da realidade e do desejo de superá-las, corre-se o risco de tentar assumir uma responsabilidade que está muito além das possibilidades de qualquer profissional, que poderia levar à perda dos critérios e dos limites do quê e quando algo pode ser feito. Como afirma Mackay (1967), em razão de os tratamentos breves serem altamente desejáveis sob vários pontos de vista, é preciso cuidado para não supervalorizá-los, uma vez que não se justifica defender uma forma de tratamento apenas porque ela atinge um número maior de pessoas, mas é preciso conhecer como o processo funciona, suas indicações e limitações.

A tentativa de ampliar o conhecimento acerca dessa modalidade de trabalho tem impulsionado um expressivo número de pesquisas sobre psicoterapia breve, especialmente as dirigidas à população adulta, área que sofreu um desenvolvimento importante nas últimas décadas. O mesmo não se aplica ao trabalho com crianças. Embora elas representem uma parcela significativa da população que procura por atendimento psicológico, e boa parte da intervenção psicoterápica que se pratica com elas tenha duração limitada, a literatura e a pesquisa a respeito do assunto são ainda muito restritas. Supomos algumas razões para isso: a dependência da criança, o que faz com que os pais necessariamente sejam incluídos no processo, gerando maior complexidade tanto para a compreensão como para a intervenção; e a heterogeneidade da população infantil, em termos de faixas etárias e etapas de desenvolvimento, o que faz com que não se possa pensar em um único modelo de trabalho.

Consideramos, então, que é necessário ampliar esse conhecimento para preencher uma lacuna importante e contribuir para o desenvolvimento de uma proposta de intervenção que, por se dirigir a crianças, tem, inclusive, grande potencial preventivo.

Foi nesse sentido e com essa intenção que este trabalho foi realizado. Ele é fruto de uma longa experiência, que se iniciou no início dos anos 1980, ligada especialmente ao atendimento em serviços-escola e à supervisão de profissionais em formação. A dupla preocupação gerada nesse contexto – com o desenvolvimento de modalidades de atendimento psicológico adaptadas à nossa realidade e com o desenvolvimento de referenciais que auxiliem o psicoterapeuta a desempenhar sua difícil missão – norteou nosso trabalho ao longo dos anos e foi o combustível para seu desenvolvimento.

Neste livro, nosso ponto de partida é a questão dos critérios de indicação para Psicoterapia Breve Infantil (PBI). Embora haja, entre os autores, uma concordância em relação ao fato de a psicoterapia breve não se aplicar a todos os casos, há muita divergência em relação aos critérios de indicação utilizados. Nota-se, no entanto, uma tendência à adoção de critérios cada vez mais flexíveis, no lugar dos mais rigorosos e restritivos, numa tentativa de adaptar a proposta de trabalho às necessidades e possibilidades do caso, e não de procurar casos que se adaptem ao tipo de trabalho proposto. Essa tendência é ainda mais clara em autores sul-americanos, em virtude da carência de oferta de serviços. Faltam, no entanto, referenciais mais claros para uma avaliação do caso e que permitam um planejamento adaptado do processo psicoterápico.

Messer e Warren (1995) consideram que as teorias do desenvolvimento infantil poderiam oferecer uma contribuição significativa a esse propósito, uma vez que permitiriam que os problemas infantis fossem identificados não só em termos de sintomas e estruturas da personalidade, mas também em termos de falhas para enfrentar os desafios determinados pelo curso do desenvolvimento. Nessa mesma direção, pretendemos incluir essa dimensão no diagnóstico de casos clínicos, tomando como referencial a teoria do desenvolvimento de Erik Erikson (1976).

Assim, a partir de um levantamento das propostas de psicoterapia breve infantil de autores norte-americanos, europeus e sul-americanos e dos critérios de indicação por eles utilizados, proporemos diretrizes para um planejamento terapêutico que leve em conta não só as características psicodinâmicas da criança e de sua relação com os pais, mas também a vertente do desenvolvimento infantil, e descrever sua aplicação em casos clínicos.

Iniciaremos com um amplo levantamento bibliográfico sobre a psicoterapia breve infantil de abordagem psicodinâmica e com a exposição das que consideramos as principais contribuições à área, visando a suprir a carência de um referencial desse tipo na literatura. Nosso objetivo, com isso, é não só permitir uma visão geral sobre essa modalidade de psicoterapia, como também descrever sua evolução histórica, identificar influências e contextualizar as diferentes propostas, para permitir uma melhor avaliação de seu significado.

Incluiremos nesse levantamento os critérios de indicação utilizados pelos diferentes autores, para que se conheça a aplicabilidade que cada um deles atribui à sua proposta, e também para analisar a evolução histórica da questão dos critérios de indicação, chegando-se a uma visão mais atual. Essa concepção contemporânea, na verdade já antecipada por autores como Proskauer (1971), implica, em especial para quem trabalha com um modelo integrativo, não exatamente pensar em critérios de indicação, mas em parâmetros que auxiliem a adaptação da proposta de trabalho às necessidades e possibilidades de cada caso particular.

Para desenvolver essa ideia, valemo-nos, além da análise da dinâmica psíquica da criança e dos pais e da configuração da relação que se estabelece entre eles, do referencial do desenvolvimento infantil, reconhecidamente um parâmetro central em qualquer estudo sobre crianças. Entre os vários estudos e construções teóricas sobre o desenvolvimento infantil, escolhemos, por inúmeras razões, o de Erik Erikson. Partindo do referencial psicanalítico, esse autor acrescenta e integra, aos aspectos intrapsíquicos, os ambientais, não só familiares, mas sociais, compondo uma visão do ser humano que nos parece verdadeiramente biopsicossocial. Analisa o desenvolvimento assim contextualizado abordando-o como um processo completo, que engloba as diferentes fases, desde o nascimento até a morte, caracterizando diferentes aspectos de cada uma delas.

Finalmente, nossa proposta de análise será ilustrada com a apresentação de casos clínicos, abordando-se a avaliação diagnóstica por meio dos parâmetros propostos e sugerindo diretrizes para o planejamento psicoterapêutico.

PSICOTERAPIA BREVE INFANTIL

ORIGEM E EVOLUÇÃO

Não é tarefa fácil localizar a época do início da utilização de psicoterapias breves com crianças, uma vez que vários autores as consideram uma tradição da psiquiatria infantil, e mesmo da psicanálise de crianças. Um levantamento abrangente da bibliografia disponível sobre o assunto mostra um número limitado de trabalhos, mas uma diversidade de propostas, entre as quais vamos apresentar algumas, escolhidas a partir dos seguintes critérios: trabalhos realizados com crianças, e não com bebês – os quais não são aqui nosso alvo de atenção –, desenvolvidos dentro de um referencial psicodinâmico, de forma individual (não abordaremos psicoterapias de grupo nem familiar, embora muitas vezes se inclua o atendimento conjunto pais-criança); os autores aos quais vamos nos referir foram escolhidos por serem os mais frequentemente citados na literatura, e por considerarmos, com base em nossa própria experiência, que são os que forneceram as contribuições mais relevantes à área.

A primeira proposta referida na literatura a abordar especificamente a psicoterapia breve infantil foi a de Allen (1942), um discípulo de Rank – considerado um dos precursores mais importantes das psicoterapias breves de adultos. Allen (1942) descreveu um trabalho no qual se concentrou no significado da produção da criança no aqui-agora da relação terapêutica, evitando explorações detalhadas do passado, com o objetivo principal de ajudá-la a suportar ligações patológicas com os pais e a aceitar seu papel como um indivíduo diferenciado.

Alguns aspectos importantes podem ser ressaltados nesse trabalho pioneiro. O primeiro é a forte influência de Rank, especialmente em relação à importância dada à questão da separação e da perda. As ideias de Rank (apud Marmor, 1979), dissidentes em relação à psicanálise de Freud, concentraram-se inicialmente no "trauma do nascimento", por ele considerado como a "ansiedade primordial" subjacente a todos os quadros de neurose. Mesmo quando, posteriormente, Rank abandonou essa ideia, continuou colocando como foco de seu trabalho a questão da separação-individuação, depois retomada por Mann (1973), um nome de destaque no desenvolvimento das psicoterapias breves de adultos nas décadas de 1960 e 1970. Mann, por sua vez, influenciou fortemente Proskauer (1969; 1971) em seu relevante trabalho de psicoterapia breve com crianças, que abordaremos posteriormente.

Voltando ao trabalho pioneiro de Allen (1942) com crianças, é importante ainda observar que ele surgiu no mesmo período em que Alexander e French (1956) estavam buscando desenvolver um modelo mais breve de psicoterapia para adultos. Esses estudos, levados a cabo no período de 1938 a 1945, são considerados um marco na história das psicoterapias psicodinâmicas breves. Yoshida (1990) aponta esse período como um estágio intermediário na evolução das técnicas breves, que criou condições para que se definissem mais claramente as diferenças entre elas e a psicanálise. A proposta de Allen (1942) evidencia ainda que, já em seu nascedouro, a ideia de um processo breve com crianças trouxe implícita uma preocupação com a relação entre elas e os pais, e considerou decisivo o trabalho com estes. Veremos posteriormente como isso se desenvolveu de diferentes maneiras.

Em 1946, o próprio Rank descreveu o caso de uma criança tratada em vinte sessões, utilizando intervenções relacionadas a um foco, incentivando um relacionamento positivo com o terapeuta e encorajando-a a direções mais saudáveis de desenvolvimento.

Dez anos depois do livro pioneiro de Allen (1942) surgiu o trabalho de Arthur (1952), que descreveu um caso atendido por um período de seis meses. Percebe-se claramente, neste trabalho, a influência de Alexander e French (1956), principalmente quanto à importância atribuída a um papel mais ativo por parte do terapeuta, que, segundo Arthur (1952), exige um alto grau de inventividade.

Após essa fase inicial, mais de quinze anos se passaram até que surgissem outros trabalhos expressivos sobre o assunto na América do Norte, mais especificamente nos Estados Unidos e no Canadá. O período mais profícuo no desenvolvimento de intervenções breves com crianças é do final da década de 1960 e início da de 1970, especialmente devido a Mackay (1967), Lester (1967; 1968) e Proskauer (1969; 1971) – os autores mais referidos por outros estudiosos do assunto, especialmente pelos norte-americanos, embora cada um deles tenha escrito apenas um ou dois artigos a esse respeito, o que dá também uma clara ideia da escassez de trabalhos relacionados ao tema. Representam iniciativas um tanto isoladas, mas consideramos que definem uma tendência, especialmente pelos pontos que têm em comum e por terem estabelecido parâmetros, utilizados até hoje, que servem de referência numa área tão carente de desenvolvimento.

Os anos seguintes se caracterizaram, especialmente nos Estados Unidos, pela preocupação principal em demonstrar a eficácia das psicoterapias, ou comparar os resultados de intervenções breves com os de psicoterapias de longa duração. É clara, aqui, a influência de motivos de natureza política e econômica, e das agências de seguro-saúde, que exigiam comprovação da melhor relação custo-benefício dos tratamentos. Esses trabalhos utilizaram-se predominantemente de metodologia quantitativa, mas muitos deles apresentam problemas conceituais e metodológicos, com descrições do tratamento que não permitem uma compreensão clara sobre a forma como ele foi desenvolvido. Esse é o caso, por exemplo, do estudo piloto de Rosenthal e Levine (1970), que pretendia testar a eficácia da psicoterapia breve numa amostra de 33 crianças e comparar sua utilidade com a da psicoterapia tradicional, a longo prazo, utilizada com um grupo de controle de 35 crianças. Os grupos foram escolhidos aleatoriamente, e definiu-se que a psicoterapia breve teria no máximo oito sessões, realizadas num período de até dez semanas. Não foi definido o que seria considerado uma terapia de longa duração, ficando a critério de cada terapeuta utilizar o tempo que considerasse necessário. Os atendimentos foram realizados por vários terapeutas diferentes, com formações variadas, com pouca experiência em psicoterapia infantil e nenhuma experiência em psicoterapia breve, e cada um deles determinou o tipo de terapia e as técnicas que utilizou. É inevitável concordar com os próprios autores sobre a existência de problemas metodológicos e conceituais que comprometeram o objetivo de comparar a eficácia das modalidades breves e longas de psicoterapia por meio de questionários e *check lists*.

Por outro lado, várias outras pesquisas desenvolvidas nesse período se propuseram a trabalhar com amostras homogêneas e a utilizar modelos de intervenção detalhados que pudessem ser reproduzidos, o que criou situações artificiais e dificultou que os resultados pudessem efetivamente ser utilizados nas situações reais da clínica.

Na década de 1980, MacLean et al. (1982) discutiram especificamente a questão de quem deve ser tratado, se a criança, os pais, ou todos eles, questão que consideravam extremamente relevante e ainda não discutida na literatura.

Na década de 1990, com as contribuições de Messer e Warren (Messer; Warren, 1995; Warren; Messer, 1999), encontramos novas ideias na área, na medida em que os referidos autores retomaram a discussão sobre a psicoterapia breve de crianças, buscando uma integração entre as concepções psicodinâmicas e as teorias do desenvolvimento infantil.

Na Europa, os trabalhos sobre psicoterapia breve infantil seguiram um caminho um tanto diferente e, a nosso ver, pode-se falar verdadeiramente de uma escola, surgida a partir do marcante trabalho publicado por Cramer em 1974, na Suíça. Esse artigo apresenta uma proposta discutida de forma aprofundada, que inclui um referencial teórico e a exposição detalhada da técnica e da teoria da técnica; deu início a uma série de outros, com a colaboração de uma equipe que se denomina Grupo de Genebra, particularmente atuante durante a década de 1980. Esse grupo inclui autores como

Palacio-Espasa e Manzano (1982; 1987), e influenciou fortemente outros autores, como Macias (1987).

A característica principal do Grupo de Genebra é colocar no foco central da compreensão do caso e da intervenção a relação pais-criança, considerando também a transmissão transgeracional. O Grupo trabalhou especialmente com crianças mais novas (em idade pré-escolar), em um número muito reduzido de sessões (a média citada pelos autores varia de três a dez), com ênfase na prevenção. Essa ênfase fez com que o grupo se dirigisse a populações cada vez mais novas, a ponto de, na década de 1990, ter deixado de trabalhar propriamente com psicoterapia breve infantil e se ter voltado totalmente para a psicoterapia mãe-bebê.

Uma revisão histórica permite observar o abismo que se instalou entre os autores norte-americanos e os europeus, não havendo quase referências ou citações, nas publicações de uns, das publicações dos outros. Isso tende a se modificar atualmente, em especial com o grupo de Muratori (2002; Muratori; Maestro, 1995), que desenvolve seu trabalho na Universidade de Pisa, na Itália, não só sob a influência, mas – especialmente no início – sob a supervisão direta de Palacio-Espasa, um dos membros do Grupo de Genebra. A importância do grupo italiano está não só em ter finalmente integrado os conhecimentos dos dois continentes, mas em ter ampliado a aplicação da técnica desenvolvida em Genebra para outras faixas etárias, incluindo crianças em idade escolar e pré-adolescentes. Além disso, como começaram a publicar seus trabalhos em língua inglesa, tornaram-se mais fácil o conhecimento mútuo e a integração. A ampliação da faixa etária atendida tem grande relevância em nosso meio, no qual, como se sabe, a maior parte das crianças que procuram ajuda psicológica está em idade escolar.

A América do Sul também teve sua contribuição pioneira na área, com Aberastury. Em 1951, essa autora iniciou uma aproximação com a odontopediatria, quando foi solicitada a escrever um artigo para a *Revista Argentina de Odontologia* (Aberastury, 1951). A partir daí, desenvolveu uma técnica que denominou "psicoterapia analítica com fins e tempo determinado" para ser utilizada em situações específicas, especialmente as emergenciais e agudas. O grupo de trabalho que se reunia em torno da autora utilizou essa técnica em situações de preparação para cirurgia, especialmente na área da cardiologia, e na área da odontopediatria, o que resultou no livro *El psicoanálisis de niños y sus aplicaciones*, compilado por Aberastury em 1972.

Sob sua influência, Knobel (1969; 1977) propôs sua "psicoterapia de tempo e objetivos limitados" para tratar, com o que considera uma melhor adequação à realidade, "[...] *certo* tipo de fenômenos, *determinado* tipo de processos, com a maior *economia* de tempo possível" (1977, p. 232, grifos do autor), visando ao pleno exercício das potencialidades da criança e ao desenvolvimento do processo evolutivo.

No Brasil, a partir de 1989, um grupo de profissionais congregados no Núcleo de Estudos e Pesquisas em Psicoterapia Breve, do qual fiz parte e que manteve suas atividades até 2000, introduziu entre suas atividades o estudo, a pesquisa, o atendimento clínico e a formação de profissionais na área da psicoterapia breve infantil de orientação psicodinâmica. Tomando como referência a escassa bibliografia disponível na época sobre o assunto e a experiência clínica privada e institucional dos membros do grupo, foram elaboradas algumas propostas adaptadas à realidade brasileira, descritas em artigos e capítulos de livros publicados (Mito, 1996; 1998; 2001; Oliveira, 2001; 2002a; 2002b; 2007, 2008; Oliveira; Mito, 1997; Mito; Yoshida, 2004).

PRINCIPAIS PROPOSTAS DE PSICOTERAPIA BREVE COM CRIANÇAS

Vamos, a seguir, apresentar os aspectos principais das propostas desenvolvidas por diferentes autores, que consideramos estar entre as mais relevantes sobre o assunto, e posteriormente estabelecer comparações entre elas. Serão considerados os trabalhos surgidos a partir do final da década de 1960, quando a produção se tornou mais significativa e contínua. Na apresentação de cada uma das propostas incluiremos informações sobre os critérios de indicação que cada autor utiliza para sua modalidade de psicoterapia, dada a relevância desse assunto, que será discutido mais adiante.

OS AUTORES NORTE-AMERICANOS

Jacques Mackay

Mackay ressalta a importância da busca por uma melhor compreensão do processo terapêutico e de como ele opera, e os riscos de se render, na indicação, apenas a preferências pessoais ou às pressões da demanda. Considera que os resultados de uma psicoterapia podem ser mais bem explicados dentro de um referencial psicanalítico, que, para ele, representa o mais coerente sistema psicológico disponível, e alerta para o risco de avaliações de resultados que não levem em conta o indivíduo como um todo. Esse risco se faz presente, por exemplo, quando a avaliação se baseia apenas na remissão de sintomas, que pode ocorrer à custa do fortalecimento de defesas patológicas. Isso não quer dizer que o desaparecimento de sintomas seja destituído de importância, especialmente no caso de crianças, uma vez que pode gerar modificações significativas nas relações objetais e na autoimagem.

O autor baseia-se no conceito de "experiência emocional corretiva" de Alexander e French (1956), considerando-o o fator terapêutico básico de qualquer forma de psicoterapia, e que permite modificar a relação de objeto quando o paciente adquire uma nova consciência de sua relação consigo mesmo e com os outros. Além disso, no caso de crianças, um aspecto central a ser considerado é a possibilidade de modificação das imagens parentais.

Além disso, o autor enfatiza as evidências teóricas e clínicas da maior plasticidade da criança para responder positivamente à intervenção terapêutica, e de sua maior permeabilidade às influências do meio, o que pode significar maior capacidade de internalizar bons objetos, se eles estiverem disponíveis, e, portanto, maior impacto da atitude de aceitação por parte do terapeuta. O fato de as crianças serem mais dependentes dos pais, muitas vezes visto como uma limitação para a influência terapêutica, pode também ser utilizado como um instrumento de trabalho, na medida em que mudanças nas atitudes dos pais podem resultar em melhoras surpreendentes na criança. Por isso, atribui especial importância à intervenção sobre as atitudes patogênicas dos pais.

Em relação aos critérios de indicação, considera que é mais vantajoso relacionar as indicações às categorias diagnósticas específicas, mesmo que a decisão final seja fortemente influenciada por fatores adicionais, como motivação, que é uma questão central em qualquer psicoterapia.

O autor parte dos critérios de indicação de Malan e diferencia indicações específicas para psicoterapia breve, relacionadas com critérios diagnósticos específicos, e indicações paliativas, aplicáveis quando tratamentos a longo prazo são teoricamente desejáveis, mas praticamente impossíveis, e quando é provável que o paciente responda a uma intervenção breve.

A melhor indicação é para dificuldades de adaptação caracterizadas pela ausência de estrutura psicopatológica estável, ou seja, crises de crescimento, em resposta a situações traumáticas ou a situações patogênicas de origem recente. E, também, pré-neuroses ou distúrbios de comportamento ou de caráter estabelecidos sobre bases conflituais, desde que não tenham adquirido "rigidez indevida". Nesses casos, deve-se testar rigorosamente a flexibilidade da estrutura por meio da capacidade de responder à interpretação.

De acordo com Mackay (1967), neuroses estruturadas, neuroses de caráter ou doenças psicossomáticas requerem psicoterapia a longo prazo. Disfunções egoicas, pré-psicose e psicose, distúrbios antissociais e disfunções cerebrais crônicas requerem tratamentos a longo prazo e muitas vezes medicação, reeducação e mudanças no ambiente. Alguns desses pacientes, especialmente os neuróticos, podem se beneficiar de uma forma de psicoterapia breve de modelo interpretativo somente se o ego estiver preservado e o contato com a realidade, mantido. A indicação como paliativo só pode ser utilizada se um aspecto específico do problema do paciente puder ser trabalhado de forma significativa em um breve período, com objetivos claramente definidos e com cuidado para não reforçar defesas patológicas.

Considera ainda que a motivação é essencial e está fortemente relacionada com a reação transferencial; em uma psicoterapia breve, deve se desenvolver nas duas ou três primeiras sessões. O nível de motivação dos pais é tão importante quanto o da criança.

No caso de crianças, especialmente as mais novas, se os pais representam agentes patogênicos ativos, sem possibilidade de mudança, a psicoterapia breve é praticamente inviável.

O atendimento se inicia com uma formulação dinâmica clara do problema básico do paciente e com o estabelecimento de um foco sobre o conflito específico mais provável de ser modificado no tratamento, ao lado de um foco similar sobre as atitudes parentais patogênicas e a avaliação de sua acessibilidade a mudanças. Isso é feito a partir de um psicodiagnóstico, durante o qual se obtém dos pais a história clínica, na presença da criança, para poder utilizar com ela esse material no processo psicoterápico. O terapeuta informa aos pais e à criança, conjuntamente, sua compreensão do caso e o plano de tratamento, sendo que a duração esperada é abertamente discutida no início, podendo ser alterada posteriormente, se necessário. A duração varia de uma a trinta sessões semanais, de acordo com o caso, com um número médio de seis a doze sessões. A forma do atendimento também é decidida de acordo com o caso, sendo que os pais podem ser atendidos pelo mesmo terapeuta, em conjunto com a criança ou separadamente, ou por um *social worker*. Com a criança, utilizam-se principalmente interpretações transferenciais, elaboradas a partir de relatos de sonhos e de produções espontâneas. Sua técnica sugere a interpretação precoce e sistemática, para a criança, do conflito emocional central, em suas manifestações mais acessíveis; a interpretação "correta" é a que se refere a aspectos conflitivos ativamente patogênicos, mas que possam ser significativos, inteligíveis, toleráveis e aceitáveis para a criança. Isto objetiva fazer da parte sadia do ego do paciente um aliado dos esforços do terapeuta.

A importância das contribuições de Mackay, a nosso ver, relaciona-se principalmente com sua visão abrangente e aprofundada do processo, que leva em conta a totalidade do indivíduo, e com o valor que atribui à relação terapêutica. Além disso, discute a relevância de se pensar a psicoterapia breve não como um método para resolver problemas imediatos como a demanda elevada, mas de avaliar seu efetivo papel como um instrumento terapêutico. Para ele, essa forma de trabalho deve ter aplicação flexível, podendo ser a indicação principal ou a paliativa para casos em que não seria a melhor alternativa, mas em que é a alternativa possível. Considera, no entanto, que há casos em que não deve ser utilizada, como com crianças pequenas cujos pais representem agentes patogênicos ativos sem possibilidade de mudança. A técnica utilizada com a criança é muito semelhante à da psicanálise clássica, privilegiando as interpretações transferenciais e a análise de material inconsciente. Essa é também uma característica dos trabalhos desenvolvidos com adultos nessa mesma época, produzidos, segundo Yoshida (2004), por autores que compõem a primeira geração de estudiosos da psicoterapia breve, representada especialmente por Malan, Sifneos e Gilliéron, bastante conhecidos em nosso meio.

Eva P. Lester

Essa autora, que desenvolveu seu trabalho no Canadá, considera que a psicoterapia breve não é apenas uma psicoterapia de menor duração, mas uma forma específica de intervenção, caracterizada principalmente por ter objetivos limitados e bem definidos. Como na psicanálise, o objetivo permanece no desenvolvimento do autoconhecimento, sendo a interpretação o principal agente terapêutico, mas a atitude do terapeuta é mais ativa, e ele se utiliza também de outros tipos de intervenção.

A partir da concepção de que a maioria, senão todos os distúrbios infantis, representam desvios do desenvolvimento normal causados por falta de suprimento externo vital, interferência externa no impulso normal da criança para se adaptar e dominar seu ambiente e limitações internas da própria criança para o crescimento normal, individualmente ou combinados, ressalta que uma intervenção breve mas apropriada, realizada no momento adequado, pode reverter os desvios do curso normal e abrir caminho para o progresso posterior.

A psicoterapia breve proposta pela autora tem como objetivo amenizar ou eliminar sintomas que, na criança, consistem na presença exagerada de padrões de comportamento que seriam adequados em outra faixa etária, regressões a modos anteriores de comportamento ou inibições de várias funções e estruturas que levam a um comportamento anormal, estéril e repetitivo, perturbando o ambiente, que, por sua vez, reage com mais proibições e privações.

Na indicação da psicoterapia, levam-se em conta dois critérios inter-relacionados. O primeiro e mais importante é o estado de desenvolvimento global da criança, ou seja, sua habilidade para entrar nos sucessivos estágios do desenvolvimento e deles sair sem sérias fixações ou regressões. O segundo critério é a flexibilidade da família como uma unidade orgânica, isto é, sua capacidade para mudar e se acomodar às alterações da criança em desenvolvimento. Sem ela, a psicoterapia breve é de valor limitado ou ausente.

Em termos clínicos, considera que os casos com melhores resultados são as fobias agudas, estados regressivos de origem recente, algumas inibições de funções instintivas ou egoicas (alimentação, sono, atividade lúdica), *acting-out* neurótico, mas não caractereológico, e padrões de comportamento exagerados e constritivos, mas adequados à fase de desenvolvimento, usados para controlar (mascarar) ansiedade e culpa. Por outro lado, crianças com desordens caractereológicas, retardos no desenvolvimento ou estruturas neuróticas complexas, e as que tiveram objetos maternos instáveis ou ausentes ou outras perturbações sérias nos dois ou três primeiros anos de vida, têm pouca probabilidade de se beneficiar desse tipo de intervenção.

Em termos técnicos, o trabalho é dividido em quatro estágios (a divisão, segundo a autora, é artificial, e tem finalidade didática): o primeiro contato, o diagnóstico, a fase terapêutica propriamente dita e o término. Deve haver uma preocupação, desde o início, com o estabelecimento de uma aliança terapêutica, e também deve ficar clara a natureza interpretativa do tratamento. A partir de uma formulação diagnóstica é feita a indicação para a psicoterapia breve, e o mesmo terapeuta se encarrega da criança e dos pais, em sessões conjuntas ou separadas. A intensidade do envolvimento dos pais no processo depende da idade da criança e da natureza do problema, sendo mais alta em crianças pequenas e com sintomas reativos. A criança é atendida separadamente quando apresenta formações neuróticas evidentes, o que ocorre com mais frequência no período de latência, ou atrasos moderados no desenvolvimento. Utiliza brinquedos, sonhos e fantasias e a transferência para interpretar e clarificar para a criança o significado de seu comportamento. Com os pais, vale-se mais de clarificação, explicação, direção e reeducação e menos de interpretação.

Essa proposta, segundo a autora, exige do terapeuta habilidade, experiência, capacidade de ser ativo, compromisso com objetivos limitados e, sobretudo, fé no impulso inerente à criança para crescer e se adaptar.

A não ser pelo estabelecimento de objetivos limitados e pela maior atividade do terapeuta, a proposta é muito próxima da psicanálise de crianças, inclusive com a utilização de interpretações transferenciais. No caso dos pais, no entanto, embora Lester (1968) indique a importância de se relacionar suas dificuldades com os sintomas da criança, parece propor mais uma orientação e uma reeducação. Embora critique o que denomina "orfandade teórica" da psicoterapia infantil, a própria autora não oferece informações detalhadas, que permitam compreender claramente as bases da técnica e dos critérios de indicação que utiliza.

Stephen Proskauer

Esse autor, influenciado por James Mann (1973), publicou dois importantes artigos sobre PBI entre o final da década de 1960 e o início da década de 1970. No primeiro deles, de 1969, discute algumas questões técnicas sobre o trabalho que realizou, especialmente com crianças institucionalizadas. O segundo, de 1971, no qual sua proposta aparece mais estruturada, a partir de 22 casos atendidos em clínicas de Boston, recebeu um prêmio da Academia Americana de Psiquiatria Infantil.

Sua Psicoterapia Focal de Tempo Limitado com Crianças é definida como um trabalho realizado num total de seis a vinte horas, distribuídas num período de dois a seis meses, focalizado desde o início numa questão específica, com data de término estabelecida e explicitada, também desde o início, para os pais e para a criança. Para o autor, isso é fundamental para colocar em foco o problema crucial da separação e perda, da mesma forma que preconizava Mann (1973), seguindo Rank (apud Marmor, 1979).

O autor aponta a diversidade de opiniões, na literatura, a respeito dos critérios de indicação, e o relato, por diferentes autores, de resultados opostos (Proskauer,

1971). Afirma que sua experiência clínica demonstra que crianças com uma ampla variedade de diagnósticos podem se beneficiar da psicoterapia breve. Leva em conta cinco critérios, retirados do estudo de casos clínicos, que não têm relação direta com o diagnóstico em si, mas com questões-chave que permeiam as linhas do diagnóstico e que parecem importantes para a efetividade dessa modalidade específica de trabalho. Não os utiliza, no entanto, como critérios de seleção, mas como aspectos aos quais é preciso estar atento para, sempre que não forem favoráveis, tentar modificá-los na medida do possível. São eles:

- capacidade da criança de desenvolver rapidamente uma relação positiva de trabalho com o terapeuta, que inclui o que se costuma denominar "motivação para psicoterapia";
- possibilidade de identificar uma questão dinâmica focal que seja central para o desenvolvimento emocional saudável e que possa ser suficientemente solucionada num período de dois a seis meses;
- defesas não muito rígidas nem muito frágeis na área da questão focal e uma "estrutura de caráter" que permita a rápida resolução da questão;
- confiança básica suficiente para que o término precoce possa ser vivido mais como uma experiência positiva de crescimento do que como outro abandono. Se esse critério não for favorável, é possível introduzir modificações técnicas para aumentar a probabilidade de sucesso, como um *follow-up* prolongado ou uma relação positiva substituta com outra pessoa;
- ambiente da criança suficientemente suportivo (ou possível de se tornar suportivo), de tal forma que os esforços despendidos no tratamento não sejam minados por forças patogênicas na casa, na escola ou na comunidade da criança.

O autor propõe ainda a utilização da psicoterapia breve em situações especiais, quando esses critérios não são favoráveis. Uma delas é o que denomina "*trial of therapy*", cujo foco pode ser mobilizar a família para um processo psicoterápico de longo prazo, quando ele é imprescindível.

O processo terapêutico, como o propõe, pode ser dividido em três fases. A primeira objetiva a formação de uma aliança terapêutica por meio da definição mútua de um foco, que inclui aspectos centrais que demandam atenção e podem ser trabalhados, pelo menos parcialmente, no tempo disponível. Dependendo da idade e das condições de desenvolvimento da criança, o foco pode ser explicitado verbalmente, ou por meio da atividade simbólica. O terapeuta precisa procurar uma forma de comunicação aceitável para a criança e, se for preciso, assumir uma colaboração mais ativa com ela para forjar rapidamente uma aliança terapêutica. Na segunda fase, de intervenção terapêutica propriamente dita, o objetivo é facilitar mudanças numa área limitada de funcionamento. O terapeuta deve se guiar pelo foco escolhido e, a partir de uma compreensão de tantos significados inerentes ao material simbólico quanto for possível, selecionar a que dar ênfase e dirigir suas intervenções para objetivos realistas. A compreensão dinâmica é utilizada para auxiliá-lo a estruturar uma relação de ajuda com a criança, mais do que para interpretar, e as interpretações diretas são utilizadas especialmente para dissipar reações negativas que ameacem a aliança terapêutica. A terceira fase é a de término, e seu objetivo principal é a estabilização dos ganhos conquistados, para que a criança possa mantê-los após a perda do terapeuta. Quanto maior a dificuldade do paciente com a constância de objeto, mais tempo e esforço precisa ser despendido com esse trabalho. É fundamental, nessa fase, a resolução da inevitável ambivalência que surge em relação ao terapeuta.

O *follow-up* é considerado como um segundo estágio essencial do processo. Entrevistas feitas em intervalos de três a seis meses permitem acompanhar a evolução, realizar novas intervenções, se necessário, e reassegurar a criança do interesse do terapeuta.

Proskauer não se detém muito na análise da participação dos pais, embora afirme que eles têm influência importante nos resultados da maioria das psicoterapias infantis. Considera que, em muitos casos, eles devem ser vistos regularmente durante o processo terapêutico; em outros, de forma mais espaçada. O foco do trabalho com eles pode incluir sua própria patologia e/ou sua relação com a criança.

A nosso ver, as contribuições desse autor ao tema são extremamente relevantes porque ele discute com profundidade vários aspectos da técnica, com uma preocupação especialmente centrada na relação que se estabelece com a criança, respeitando suas possibilidades de comunicação e enfatizando os aspectos positivos de seu funcionamento psíquico e de seu comportamento. Não faz apenas uma transposição das técnicas breves utilizadas com adultos, nem da análise infantil. Modifica a forma das intervenções, tirando do lugar central as interpretações, especialmente as transferenciais, e levando em conta a importância da comunicação simbólica com a criança, dando mais importância ao que é vivido na relação do que ao que é verbalizado. Além disso, fornece relevantes orientações para o trabalho com pacientes institucionalizados, o que é extremamente raro entre os autores da área. Ainda atribui grande importância ao *follow-up*, essencial não só para garantir um referencial para os pais e para a criança, mas também porque o desenvolvimento infantil é marcado por constantes mudanças, cujos efeitos podem ser acompanhados, o que permite a adoção precoce de novas medidas terapêuticas quando necessário.

Stanley B. Messer e C. Seth Warren

Esses autores chamam a atenção para a fragilidade da ligação histórica entre psicoterapia e teorias do desenvolvimento na prática da psicoterapia psicodinâmica breve e para a ausência de pesquisa e teoria clínica sobre a PBI. Uma vez que consideram que "[...] o desenvolvimento ocorre dentro de círculos concêntricos de influência social e psicológica" (1995, p. 282), ressaltam a importância, para os modelos de desenvolvimento, dos trabalhos de observação de crianças em contextos normais e clínicos, da psicoterapia infantil, das pesquisas experimentais e não experimentais sobre as capacidades e sobre as diferenças individuais, das teorias sobre os sistemas familiares e das abordagens comunitárias aos problemas psicológicos.

Por seu lado, os conhecimentos sobre o desenvolvimento acrescentam contribuições importantes ao campo das psicoterapias breves, uma vez que podem sugerir focos terapêuticos localizados em momentos específicos, e os problemas podem ser identificados não somente em termos de estruturas da personalidade e de sintomas, mas também de falhas para enfrentar os desafios determinados pelo curso do desenvolvimento. Para os autores, isso adiciona outra dimensão à teoria psicodinâmica e enriquece a abordagem terapêutica.

Partindo desse ponto de vista, sugerem que a formulação de um foco terapêutico se apoie sobre o desafio desenvolvimental esperado, que é então compreendido no contexto particular de cada paciente. O problema é definido em termos de uma falha adaptativa, usualmente em face de novas demandas que surgem a partir da situação de vida do paciente, demandas que podem ser acidentais ou resultar do próprio processo de desenvolvimento. A ênfase é mais sobre fatores situacionais na crise do que na estrutura intrapsíquica da personalidade, e a intervenção busca reduzir ou eliminar a distância entre os recursos adaptativos e as demandas situacionais, o que pode requerer ou não mudanças psicodinâmicas específicas. A melhora é definida principalmente em termos do funcionamento adaptativo do paciente.

Os autores entendem que, do ponto de vista do desenvolvimento, a psicopatologia infantil pode ser vista como uma quebra ou um impasse no processo de desenvolvimento, resultado da interação de limitações da capacidade adaptativa estrutural da criança com estressores ambientais. Os sintomas seriam esforços malsucedidos em lidar com a experiência de ser ameaçado por estressores crônicos ou traumáticos (familiares e sociais). O objetivo da PBI seria, então, modificar o equilíbrio entre essas forças, tanto internas quanto externas.

Messer e Warren partem da teoria da separação-individuação, usando como referencial Bowlby, Erikson e Mahler, e consideram que esse processo é subjacente a todo conflito na infância, uma vez que é a força em direção à individuação que move o desenvolvimento, que ocorre num contexto relacional. Portanto, o foco terapêutico parte necessariamente de uma compreensão dos problemas da criança no contexto familiar, seu ambiente relacional imediato. O foco incorpora aspectos do desenvolvimento, psicodinâmicos, ambientais e referentes à crise imediata.

Eles consideram, ainda, que a seleção de casos pode ser essencial para os protocolos de pesquisa ou uma opção para alguns terapeutas, mas sua posição é a de que se deve procurar uma modificação e uma adaptação das abordagens de tratamento para cada criança em particular. Não excluem, no entanto, a necessidade de ter alguns critérios, e nesse sentido afirmam que é mais útil basear a indicação em aspectos interpessoais e psicodinâmicos mais estreitamente ligados ao próprio processo terapêutico.

Embora, em geral, crianças com patologias menos severas respondam melhor à psicoterapia breve do que aquelas com dificuldades crônicas, e, no caso de presença de sintomas psicóticos não transitórios, esse tipo de intervenção seja contraindicado, é menos importante identificar a criança como pertencente a uma categoria diagnóstica específica do que avaliar a presença de capacidades requeridas pelas tarefas envolvidas na psicoterapia breve. Essas capacidades, tanto intrapsíquicas como ligadas às relações de objeto, são principalmente confiança básica, defesas egoicas funcionando de forma adequada e flexível e capacidade de se envolver e de se desligar rapidamente de um relacionamento significativo.

O contexto do desenvolvimento é um fator crítico para a indicação, uma vez que se relaciona diretamente com as capacidades citadas. Assim, crianças com um histórico de perdas objetais severas, privação parental, psicopatologia parental e abusos traumáticos têm prognóstico menos otimista.

As características do meio social e familiar devem sempre ser levadas em conta, uma vez que a criança é bastante suscetível a elas, e que a manutenção dos efeitos terapêuticos depende diretamente dos recursos psíquicos da família.

Em relação à técnica, os autores chamam atenção para o fato de que algumas propostas de psicoterapia breve para crianças parecem ter sofrido uma contaminação dos modelos utilizados com adultos, e não levam em conta as características específicas da criança, como uma noção de tempo nem sempre suficientemente bem desenvolvida, limitações na possibilidade de comunicação verbal e na compreensão de intervenções complexas e intelectualizadas. Assim, ao contrário da importância de estabelecer com a criança uma data de término, sugerem que a falta de uma noção clara de tempo, característica da infância, pode fazer que uma relação de tempo limitado tenha um impacto desproporcional; ressaltam, conforme Winnicott (1975), a importância da atividade psíquica criativa e da brincadeira expressiva como veículos de desenvolvimento, e da continência do terapeuta para que a criança possa expressar seus afetos e emoções, muito mais do que compreendê-los verbalmente ou torná-los conscientes. Consideram que o foco estabelecido para o trabalho é muito mais um guia para o terapeuta em suas intervenções.

Afirmam que é impossível conceber uma psicoterapia breve com criança que não envolva diretamente os pais, que devem ser recrutados como aliados e participar do processo, em sessões conjuntas ou separadas, dependendo das características do caso. Isso é essencial para que os resultados possam ser mantidos, após o encerramento.

Ao contrário de outros autores, que preconizam técnicas específicas para encurtar o tempo do trabalho, ressaltam que uma terapia breve com crianças é ainda uma terapia com crianças, e não se podem esquecer os princípios básicos da técnica lúdica, o respeito ao ritmo e às possibilidades do paciente. Baseiam-se na importância do *holding*, seguindo Winnicott (1983), e da experiência emocional corretiva, de Alexander e French (1956). O limite de tempo deve ser usado mais no sentido de adequar as possibilidades terapêuticas às condições reais do que para impor mudanças técnicas.

OS GRUPOS EUROPEUS

Grupo de Genebra: Bertrand Cramer, Francisco Palacio-Espasa, Juan Manzano

Em seu longo artigo de 1974, ponto de partida do trabalho desse grupo de autores, Cramer afirma que a intervenção terapêutica breve de abordagem psicodinâmica é um entre os vários métodos terapêuticos que o psicanalista pode empregar, levando em conta sua orientação e formação particular, as necessidades sempre crescentes de serviços terapêuticos para segmentos mais amplos da população e os avanços teóricos e técnicos do próprio movimento psicanalítico, que permitem formulações mais precisas dos dinamismos das terapias breves. Sua proposta surgiu de seu trabalho como pediatra e psicanalista, realizado tanto em contexto institucional quanto em clínica privada, e influenciado pelas ideias de Winnicott sobre consultas terapêuticas e pela abordagem familiar.

Parafraseando Ajuriaguerra (apud Cramer, 1974), considera que a realidade exige do terapeuta uma ação flexível, em que a noção de eficiência deve estar acima da noção de perfeccionismo e purismo terapêutico. Leva em conta o conceito de crise e a pré-transferência positiva que ela tende a potencializar, favorecendo que intervenções breves, nessas situações, sejam não só bem toleradas, mas tenham seus efeitos amplificados.

Assim, propõe que a intervenção seja o mais precoce possível, a partir de uma identificação do nódulo do conflito, ou da angústia central, que deve ocorrer de preferência desde a primeira sessão. As situações de crise favorecem uma carga transferencial elevada, que facilita a formação da aliança terapêutica e a motivação para receber ajuda, o que faz com que intervenções breves precoces e adequadas detenham processos patogênicos que, muitas vezes, mais tarde, poderiam refratar o tratamento.

Desenvolve um referencial teórico alicerçado especialmente nas concepções de Mahler (1982) sobre a simbiose primária e o processo de separação-individuação, e nas de Winnicott (1978) sobre o caminho da dependência absoluta à independência relativa. Estuda as características específicas da relação pais-criança (e, em especial, da relação mãe-criança), dentro da qual se constitui o indivíduo, em um processo que leva da fusão primária a uma diferenciação progressiva. Quando, durante o processo de desenvolvimento da criança, seus conflitos em determinada fase são particularmente ansiógenos para os pais, ocorre nestes uma regressão, com desdiferenciação parcial do *self*, que favorece as projeções e identificações maciças. O objeto da intervenção terapêutica é, então, o que denomina "área de mutualidade psíquica", uma área comum e indiferenciada entre os pais e a criança, fruto das projeções e identificações recíprocas, e busca-se a origem genética do conflito, que está na relação dos pais com seus próprios pais. A terapia visa a restabelecer os limites entre o *self* da criança e o do genitor, permitindo a retomada do processo de individuação.

Cramer (1974) afirma que os critérios de indicação são um problema difícil de sistematizar, tratado de múltiplas maneiras na literatura. As indicações principais seriam as dificuldades reativas, embora o autor considere que a psicoterapia breve pode ser útil quando ocorrem agravamentos súbitos ou aparição de novos sintomas, mesmo sobre um fundo de patologia grave. Assim, a indicação depende não só do tipo de patologia, mas dos objetivos propostos. Em vista da abordagem familiar adotada pelo autor, a indicação necessariamente leva em conta as possibilidades de envolvimento dos pais no processo.

Dez anos depois, em 1984, Palacio-Espasa publicou um artigo relatando uma pesquisa realizada com 65 casos, 33 dos quais de crianças com menos de três anos de idade, e 32 de crianças com idades entre três e seis anos. O estudo buscou estabelecer critérios clínicos e dinâmicos de indicação e de contraindicação para psicoterapia breve. Essa é uma das raras pesquisas amplas e bem delineadas realizadas sobre o assunto, e resultou no estabelecimento de quatro tipos básicos de relação pais-criança, de acordo com os tipos de projeções que os pais fazem sobre o filho, acompanhadas de identificações complementares, segundo as diversas possibilidades narcísicas e objetais discutidas por Freud em *Introdução ao narcisismo* (1973a):

1. Os pais reencontram em seu filho a criança amada que eles foram ou imaginaram ser, identificando-se simultaneamente com seus próprios pais que os amaram. Esse tipo de relação é classificado como normal, a não ser que se torne muito rígida e idealizante.
2. Os pais projetam no filho a criança que queriam ter sido e se identificam com a imagem dos pais que queriam ter tido. Há uma tentativa de anulação retroativa, na relação presente com a criança, de uma situação conflituosa vivida no passado. Essa tentativa supõe a exclusão da agressividade na interação com a criança, em graus variados. É uma dinâmica classificada como estando no limite entre a normalidade e a relação neurótica.
3. Os pais projetam no filho a imagem da criança difícil ou problemática que sentiram ser no passado e que não queriam ter sido, o que se acompanha da identificação com o genitor que sentiram ter maltratado durante a infância. Há uma retomada do conflito vivido no passado, mas sem a tentativa de sua anulação retroativa, o que faz com que a agressividade esteja presente. É uma dinâmica considerada neurótica num grau mais severo que a anterior.
4. Os pais projetam no filho aspectos da criança odiada que sentiram ter sido, ou ainda aspectos de um genitor ou de uma imagem parental odiada.

Implica uma projeção quase bruta da agressividade, com interações carregadas de rejeição e culpa. É considerada uma dinâmica psicótica.

A pré-transferência que os pais estabelecem com o terapeuta guarda uma relação direta com o tipo de aspectos que projetam na criança: quanto maior o predomínio libidinal nas projeções, mais positiva será a pré-transferência, e quanto mais carregadas de aspectos negativos forem as projeções, mais negativa será também a pré-transferência.

As pesquisas de Palacio-Espasa (1984; 1985) indicam que não há relação entre a sintomatologia da criança e o sucesso da psicoterapia breve, mas se evidencia uma relação entre o sucesso e uma dinâmica pais-criança caracterizada como neurótica, acompanhada de uma pré-transferência positiva dos pais em relação ao terapeuta.

No subgrupo de zero a três anos foi encontrada uma correspondência direta entre as boas indicações e o funcionamento neurótico dos pais, e entre as más indicações e o funcionamento psicótico. No entanto, no grupo de três a seis anos, só esta última relação se manteve. Para os casos bem sucedidos, percebeu-se que, além do funcionamento neurótico dos pais, era preciso considerar também o funcionamento da criança e sua conjunção com a organização psíquica dos pais: deve-se tratar de uma estrutura neurótica organizada em torno do conflito edipiano, mais do que sobre pontos de fixação regressivos.

Posteriormente, o autor relata ter ampliado seu trabalho para crianças de todas as idades, às quais, segundo ele, se aplicam os mesmos critérios de indicação e contraindicação, acrescentando que se deve levar em conta que a relação de crianças mais velhas com os pais é permeada por aspectos edipianos (Manzano; Palacio-Espasa, 1993). Assim, os casos indicados são aqueles em que pais e filho vivem uma fantasmática edípica recíproca, em espelho. Os pais projetam sobre a criança um objeto edípico de seu passado, que pode ser incestuoso, de rivalidade ou superegoico, o que provoca no filho uma sobrecarga conflitiva e resulta num círculo vicioso, pela realimentação recíproca.

Em relação à técnica, Cramer (1974) assume, desde o contato inicial, uma postura terapêutica e interpretativa, para testar a capacidade de mudança dos pais, e decide a indicação terapêutica já durante a primeira entrevista, que é realizada em conjunto com os pais e a criança. A partir daí, e de acordo com as características do caso, vai estabelecendo quem deve ser atendido em cada sessão: a criança e os pais, um dos pais, o casal ou a criança sozinha. De qualquer forma, as intervenções serão sempre dirigidas à interação psíquica pais-criança, e não aos fenômenos intrapsíquicos. Há flexibilidade em relação aos tipos de intervenção utilizados, mas essas intervenções estão sempre baseadas no conhecimento analítico de sua motivação e de seus efeitos. O número de sessões não é predeterminado, e sim estabelecido a partir do desenvolvimento do processo, sendo, em média, de três a dez sessões. O autor não parece dar atenção especial à fase de término, embora ressalte que é preciso estar consciente de seus efeitos. Sugere que, ao final, se faça um resumo da compreensão do caso, se reassegure a possibilidade dos pacientes voltarem, se sentirem necessidade, e se solicite contato após alguns meses, mesmo que telefônico.

Palacio-Espasa, sozinho ou em conjunto com outros membros do Grupo de Genebra, especialmente Cramer e Manzano, publicou diversos outros artigos, na década de 1980, seguindo essas mesmas direções básicas (1981; 1984; Palacio-Espasa; Manzano, 1987; Palacio-Espasa; Cramer, 1989). O trabalho desses autores, no entanto, seguindo sua ênfase preventiva, foi se dirigindo a crianças cada vez mais novas, até que se concentrou totalmente na psicoterapia mãe-bebê. Na década de 1990, publicaram dois livros traduzidos para o português: *Técnicas psicoterápicas mãe-bebê* (Cramer; Palacio-Espasa, 1993) e *Segredos femininos: de mãe para filha* (Cramer, 1997), um emocionante trabalho que aborda especificamente a transmissão das heranças psíquicas através das gerações.

Como já foi dito, em 1993, Manzano e Palacio-Espasa relatam que, a partir de sua experiência com crianças pequenas, ampliaram seu trabalho de psicoterapia breve para crianças de todas as idades, incluindo os adolescentes, utilizando os mesmos princípios teóricos e técnicos. A diferença é que as projeções mútuas entre pais e crianças mais velhas abarcam aspectos do conflito edípico. A técnica de trabalho inclui atendimentos conjuntos, nos quais são feitas interpretações sobre as projeções de um objeto edípico do passado dos pais sobre a criança, e interpretações dirigidas à criança, o que permite que tomem consciência do conflito que engendram uns nos outros, e que se autoalimenta em um círculo vicioso. Os pais podem então, segundo os autores, retomar para si sua problemática edípica e elaborar o luto de seus objetos do passado, e a criança pode retomar a elaboração de sua própria problemática, sem a sobrecarga das projeções paternas.

O trabalho do grupo apresenta muitos pontos importantes a serem ressaltados: a coerência e o aprofundamento de seu embasamento teórico, a preocupação em detalhar a técnica e em fundamentá-la, o cuidadoso e contínuo trabalho de pesquisa. Os limites de sua utilização residem principalmente no fato de que exige formação psicanalítica e terapeutas com grande experiência clínica para que possa ser realizado da forma como é proposto; além disso, dirige-se principalmente a crianças muito pequenas ou em idade pré-escolar, em especial àquelas em que as dificuldades são basicamente reativas, que podem se beneficiar de uma mudança na dinâmica do relacionamento familiar e cujos pais sejam permeáveis a essa mudança. Nossa experiência mostra que, em nosso meio, esses casos representam a minoria dos que buscam atendimento psicológico.

O grupo italiano: Filippo Muratori e colaboradores

Esse grupo desenvolveu sua proposta de psicoterapia breve a partir do modelo da Escola de Genebra e, segundo Muratori e Maestro (1995), clinicamente apoiada no trabalho de Fraiberg. O grupo justifica a adoção da psicoterapia breve a partir das pesquisas sobre psicoterapia infantil, especialmente as de metanálise, como as de Target e Fonagy (1994), que têm demonstrado que a psicoterapia infantil apresenta resultados positivos e superiores aos da situação de não tratamento, que a melhora é maior quando a criança tem menos de onze anos, quando tem um conjunto circunscrito de sintomas ligados a um conflito internalizado central, quando há tratamento simultâneo dos pais, e que a amplitude dos resultados não está ligada à maior duração ou intensidade do tratamento. No entanto, ressaltam que há poucos estudos sobre o processo psicoterápico que mostrem o que os terapeutas realmente fazem, e que aspectos do tratamento são significativos para a obtenção de resultados positivos.

Em seu primeiro artigo publicado sobre o assunto (Muratori; Maestro, 1995), o grupo, que iniciou seu trabalho sob a supervisão direta de

Palacio-Espasa, segue os mesmos critérios de indicação propostos por este autor, ou seja, baseia a indicação sobretudo na avaliação do tipo de relação que há entre a criança e os pais, e particularmente sobre a natureza da interação fantasmática e real que subjaz a essa relação. Assim, consideram que os casos indicados são aqueles em que o mecanismo projetivo é claramente funcional à negação de um luto ou de uma separação, com predomínio de investimento libidinal na relação, e os pais estabelecem com o terapeuta uma pré-transferência positiva, caracterizada por um autêntico pedido de ajuda e por uma disponibilidade para aceitar as intervenções do terapeuta. Os casos mais indicados são aqueles em que os sintomas, que representam uma parte negada do objeto perdido, se manifestam como distúrbios funcionais (sono, alimentação, controle esfincteriano) e de comportamento (instabilidade, comportamento agressivo, dificuldade de separação). Consideram ainda importante, seguindo Cramer (1974), a possibilidade de o terapeuta chegar rapidamente à formulação de um foco que estabeleça uma ligação entre os sintomas presentes na criança e aspectos da história dos genitores, numa perspectiva transgeracional.

Os casos contraindicados se caracterizam por uma relação pais-criança com características psicóticas, sustentada por intensas projeções agressivas e por manobras intrusivas sobre a criança, que visam à evacuação de um objeto ou de parte do *self*. Esse mesmo funcionamento se manifesta na relação transferencial com o terapeuta, revestida de hostilidade e persecutoriedade diante das intervenções.

Os casos intermediários, em que a psicoterapia breve pode ser um paliativo, mas há necessidade de uma psicoterapia de longo prazo, são aqueles em que os sintomas da criança representam não só um sintoma dos pais, mas têm também um papel na economia psíquica da própria criança.

Em um artigo posterior (Muratori et al., 2002), que descreve resultados das pesquisas do grupo, a partir dos quais estabeleceram um modelo próprio de trabalho, concluem que, para avaliar o quanto seu modelo de intervenção é apropriado para um tipo particular de paciente, seria preciso desenvolver avaliações sofisticadas de múltiplos níveis de medida. Partem, no entanto, de alguns critérios, uma vez que, na seleção dos casos que participaram da pesquisa, consideraram a emergência recente de sintomas, um número limitado de eventos vitais negativos e QI acima de 90.

Concluem que os melhores resultados foram atingidos em crianças com distúrbios emocionais puros, com ausência de comorbidade, e que a acessibilidade a mudanças nas interações familiares e na capacidade cognitiva e emocional da criança se revelou um fator particularmente importante.

O trabalho do grupo é realizado em contexto clínico naturalista, com crianças de seis a onze anos, com desordens emocionais caracterizadas por ansiedade ou depressão, sem as características de uma síndrome específica. O objetivo é elucidar um tema conflituoso central, segundo os autores, nos moldes do modelo elaborado por Luborsky para adultos. Consideram, no entanto, que, durante a infância, o tema conflituoso central repousa na interação da criança com os pais. É nesse contexto que o terapeuta trabalha, destacando esse tema e elucidando suas relações com os sintomas da criança e com o mundo representacional dos pais. Uma vez que consideram que os sintomas infantis frequentemente têm uma dupla função – expressar tanto a dinâmica individual quanto a familiar –, a presença da criança e dos pais é necessária, pois permite ao terapeuta atuar sobre eles e sobre suas interações sintomáticas. Diferentemente da Escola de Genebra, acrescentam como rotina sessões individuais com a criança, pois, uma vez que trabalham com pacientes na fase de latência, é preciso considerar que há maior internalização do conflito e que os temas conflituosos compartilhados têm uma elaboração pessoal da criança que precisa ser trabalhada.

O processo é composto por três fases: são realizadas cinco sessões com a família, focalizadas no conflito transgeracional, com o objetivo de interpretar o conflito atual em relação ao passado dos pais, modificar as percepções distorcidas que os pais têm da criança e aumentar sua empatia em relação a ela; cinco sessões com a criança, com o mesmo terapeuta, com foco na percepção que ela tem do problema e em seu estilo defensivo, dando-se atenção à ligação entre o conflito central e os sintomas; uma sessão final com a família, para voltar a apontar o tema conflituoso central, sua relação com o sintoma da criança e com as representações dos pais. Assim, são realizadas no máximo onze sessões, num período de cerca de quatro meses.

Ressaltando as dificuldades em relação a encontrar instrumentos adequados para avaliar os resultados e interpretá-los, os autores afirmam que suas pesquisas indicam que a terapia é efetiva para acelerar o processo de redução dos sintomas, e que essa redução implica uma melhora do funcionamento global da criança. Indicam ainda que as mudanças ocorrem primeiro na interação pais-criança e, só após um período, no comportamento da criança. As pesquisas de acompanhamento mostraram que as melhoras se mantiveram até um ano e meio após o término da psicoterapia, e muitas vezes se ampliaram com o passar do tempo. Consideram que é uma proposta de trabalho efetiva e facilmente aplicável, desde que haja treinamento adequado dos terapeutas, e que é particularmente útil em serviços de saúde pública.

OS AUTORES SUL-AMERICANOS

Arminda Aberastury

A autora propõe o que denomina "psicoterapia analítica com fins e tempo determinados" (1972), para ser utilizada em situações específicas, especialmente as emergenciais e agudas.

Não há referência específica à questão dos critérios de indicação quanto às características do paciente, uma vez que a autora parece não ter o objetivo de propor um modelo de psicoterapia breve de utilização mais ampla. O que indica esse tipo de intervenção é a característica aguda da situação, e não propriamente características das crianças que serão atendidas. São estas as situações nas quais essa intervenção é utilizada com crianças e adolescentes: quando vão ser submetidos à cirurgia, em casos agudos de um sintoma que pode ser focalizado e isolado, quando aparecem ansiedades fóbicas que impedem a aceitação de um tratamento odontológico, ante uma doença mortal da criança ou de alguém próximo, em situações familiares perturbadoras, nas quais os pais não conseguem fornecer informações necessárias, como adoção, divórcio, morte de pessoas próximas, mudanças, novo casamento dos pais.

O objetivo é a cura sintomática ou a solução de um conflito determinado, e não a cura de conflitos psicológicos profundos ou a modificação de estruturas mentais. A estratégia inclui dar à criança e aos pais toda a informação referente à situação e trabalhar com os emergentes que surgirem, utilizando a interpretação, adaptada aos limites de uma psicoterapia breve. O atendimento é realizado individualmente com a criança e individualmente ou em grupo com os pais.

Na verdade, essa não é exatamente uma proposta de psicoterapia breve, mas de aplicação, em situações específicas, da psicoterapia analítica modificada. Assim, não há uma descrição detalhada do modelo de trabalho, mas orientações gerais, além do relato de casos clínicos, que podem ajudar a compreender melhor como se dá o processo. No entanto, decidimos incluí-la aqui por sua relevância, tanto em termos de pioneirismo, em especial na América do Sul, quanto pela influência que exerceu sobre outros autores importantes, como Knobel.

A proposta pioneira de Aberastury (1972) continua gerando frutos até hoje, no expressivo crescimento da psicologia aplicada à área da saúde, incluindo a psicologia hospitalar. Apenas para citar alguns exemplos de trabalhos desenvolvidos em nosso meio, voltados para o atendimento de crianças hospitalizadas, temos o de Silveira e Outeiral (1998), descrevendo atendimento pré-cirúrgico, e o de Ana Maria Trapé Trinca (2003), que utilizou o Procedimento de Desenhos-Histórias, de Walter Trinca, como instrumento de comunicação em atendimentos psicológicos breves a crianças que aguardavam procedimentos cirúrgicos.

Maurício Knobel

A Psicoterapia de Tempo e Objetivos Limitados busca tratar certos tipos de fenômenos com a maior economia de tempo possível e a melhor adequação à realidade.

As indicações podem ser divididas em dois grandes grupos: as situações emergenciais e os diversos problemas psiquiátricos da infância. O primeiro grupo se refere a situações como morte de pessoas próximas, doenças na família ou da própria criança, separação dos pais, mudanças, ingresso na escola. Poderiam ser denominadas situações de crise, acidentais ou de desenvolvimento. O autor não se detém na análise do segundo grupo, assinalando apenas que, nesse caso, a utilização da técnica é possível, de acordo com as circunstâncias e a avaliação integral do caso. Para ele, a escolha terapêutica exige um conhecimento completo da criança, sua biografia e estrutura, e do momento que está vivendo, além de um prognóstico sobre a relação terapêutica que se poderá estabelecer com os pais.

Embora Knobel não se aprofunde na discussão dos critérios de indicação para psicoterapia breve de crianças, seria interessante lembrar sua posição em relação ao assunto, no que se refere a adultos: ele critica o estabelecimento de critérios rigorosos, que excluiriam a maioria das pessoas que buscam atendimento, e considera que o profissional é quem deve se adequar às necessidades do paciente, empreendendo um trabalho que busque o máximo de eficácia com um mínimo de ônus em todos os sentidos, e estabelecendo objetivos compatíveis com o caso, a partir de um diagnóstico holístico. No entanto, arrola uma série de fatores que seriam desejáveis para esse tipo de trabalho, incluindo desde aspectos do funcionamento psíquico do paciente a aspectos relacionais, de motivação e de disponibilidade concreta de tempo e financeira. Não nos deteremos aqui nesse assunto, por se tratar de casos de adultos, que fogem ao objetivo deste trabalho, mas queremos apenas ressaltar a posição flexível do autor em relação a critérios de indicação.

Knobel considera sua proposta de PBI como uma modificação na técnica e na estratégia psicanalíticas. O trabalho é dirigido a um foco, por meio de interpretações parciais e atenção seletiva. Evita-se deliberadamente a regressão e a neurose de transferência, sendo que a transferência é utilizada para compreender o paciente e ajudá-lo a discriminar a confusão que dela resulta, diluindo-a no aqui e agora de sua vida. A elaboração se baseia em *insights* com maior participação cognitiva do que afetiva (compreensão de um conflito e de suas causas), e as intervenções buscam transformar a informação falsa em verdadeira, o que leva, segundo o autor, à mudança parcial nos objetos e vínculos objetais alterados pela distorção cognitiva.

Ressalta a importância da rapidez da intervenção porque, com crianças, quanto antes os resultados forem alcançados, mais favorável será o prognóstico, uma vez que se evitam as consequências negativas que os sintomas podem ter para o desenvolvimento como um todo. Além disso, considera que o tempo é um instrumento técnico indispensável nesse tipo de trabalho. A duração do processo é definida de acordo com o quadro clínico, a relação transferencial/contratransferencial e a disponibilidade empática, mas o número de sessões deve ser fixado previamente, não excedendo doze ou quatorze. Utiliza a técnica lúdica e, muitas vezes, outras estratégias específicas para determinadas situações, como técnicas cognitivas ou elementos técnicos de outros referenciais teóricos, quando considera necessário e útil para abreviar o tempo de trabalho.

O atendimento aos pais é considerado fundamental, especialmente em virtude da dependência da criança. De acordo com o caso, pode ser uma orientação terapêutica, ou uma psicoterapia realizada concomitantemente, em conjunto com a psicoterapia da criança ou mesmo em substituição a ela. Se isso não for levado em conta, e os pais não estiverem preparados para as mudanças que o processo ocasionar na criança, sua ação patogênica será reforçada.

Acentua a importância da preparação do terapeuta, que deve ter sólidos conhecimentos de psicologia evolutiva normal e patológica e ser capaz de estabelecer com a criança uma relação de confiança, fornecendo-lhe segurança.

Núcleo de Estudos e Pesquisas em Psicoterapia Breve (NEPPB)

O trabalho do NEPPB desenvolveu-se em São Paulo, a partir do interesse de seus membros em pesquisar técnicas de psicoterapia breve adaptadas à realidade brasileira (Yoshida; Enéas, 2004). O grupo, que se reuniu em 1987, foi composto inicialmente pelas psicólogas Elisa M. P. Yoshida, Tereza I. H. Mito e Maria Terezinha C. P. Yukimitsu, e voltou-se, a princípio, para o atendimento de adultos, mas a demanda por assistência a crianças deu início às tentativas de desenvolver, de forma mais sistematizada, uma proposta de trabalho para essa população. Com esse objetivo, uni-me ao grupo em 1989, assim como a psicóloga Luci A. S. Leite. Logo de início, ficaram evidentes as dificuldades envolvidas nessa tarefa: a ausência de referências na bibliografia; a complexidade oriunda das condições típicas da infância, como a dependência da criança, que gera a necessidade de envolver os pais no processo; e a variedade de faixas etárias e níveis de desenvolvimento.

A forma de trabalho que foi sendo desenvolvida e pesquisada resulta de uma síntese da influência de vários autores, especialmente do Grupo de Genebra e de Proskauer, que, associada à experiência clínica dos profissionais envolvidos, resultou numa proposta adaptada à nossa população e às condições de nosso meio. O conceito de "área de mutualidade psíquica" de Cramer (1974) representou um marco importante, pois permite enfocar de início os pais como parte do processo, integrando-os na compreensão dinâmica do caso e abrindo novas possibilidades de intervenção. O trabalho desse autor, no entanto, dirige-se a crianças pequenas, especialmente àquelas com idade entre três e seis anos; também por isso, sua ênfase principal é dada ao atendimento dos pais. Isso contrasta com nossa população clínica, constituída especialmente por crianças mais velhas, em idade escolar, que necessitam de um trabalho que leve em conta, de maneira mais significativa, sua própria organização psíquica e sua maneira pessoal de organizar as influências que recebe do ambiente familiar. Nesse sentido, foram extremamente relevantes para o desenvolvimento de nosso trabalho as ideias de Proskauer (1971), autor que aborda mais detalhadamente o processo com a criança, dando ênfase à busca de uma forma possível de comunicação e ao estabelecimento de uma relação com o terapeuta que possa ser utilizada por ela como um modelo de relação positiva.

Assim, o trabalho que desenvolvemos de certa forma se aproxima do que posteriormente foi elaborado por Muratori e pelo grupo italiano (Muratori et al., 2002), que adaptou a proposta do Grupo de Genebra para crianças mais velhas, considerando que, com elas, é preciso levar em conta que há maior internalização do conflito e trabalhar a elaboração pessoal que a criança já fez dos temas conflituosos compartilhados. A diferença é que esses autores organizaram um modelo de atendimento que tem predeterminados o número de sessões e a sequência em que são atendidos os pais e a criança, visando a uma maior uniformização do processo para fins de pesquisa, ao passo que nosso modelo é mais flexível e procura se adaptar às características de cada caso em particular e às condições em que o trabalho é realizado.

Embora ele tenha sido desenvolvido em grupo, cada um dos profissionais envolvidos guarda suas próprias especificidades, fruto, entre outros aspectos, de sua própria experiência, de suas características pessoais e, em consequência, de seu próprio olhar clínico e de sua forma de atuação. Assim, e não poderia ser de outra forma, o que será aqui apresentado é minha visão e minha proposta de trabalho.

Inicia-se com uma avaliação diagnóstica breve, mas cuidadosa, buscando conhecer o funcionamento psíquico da criança, seu desenvolvimento, as características dos pais e das relações familiares. Nessa fase, o objetivo é que os pais não apenas forneçam informações sobre a criança e sua história, mas sejam envolvidos no processo e revejam sua própria história.

A partir dessa avaliação, decide-se se o caso demonstra condições de se beneficiar de um atendimento breve. Não se utilizam propriamente critérios de indicação, mas critérios de exclusão para os casos em que não se percebam possibilidades de benefício, ou nos quais se evidencie a existência de riscos iatrogênicos significativos.

Esse trabalho sempre se pautou pela flexibilidade das indicações, em vista do objetivo de desenvolver modalidades de atendimento que pudessem ser utilizadas da forma mais ampla possível. Assim, a diretriz central é, a partir de uma compreensão diagnóstica, estabelecer objetivos e estratégias de intervenção compatíveis com as possibilidades e necessidades do caso.

Em 2002, publiquei um artigo sobre o assunto (Oliveira, 2002a), fruto de reflexões sobre as propostas de outros autores e de muitos anos de prática clínica de atendimento e supervisão de casos de psicoterapia breve. Nesse trabalho é sublinhada a importância da flexibilidade dos critérios, alertando-se, no entanto, para o perigo de se perderem de vista os limites desse tipo de intervenção e os riscos envolvidos numa utilização indiscriminada. Sugerimos uma série de aspectos a serem levados em conta, como diretrizes para a indicação e para o planejamento terapêutico, todos eles interdependentes:

- Nível de dependência ou independência afetivo-emocional da criança, do que dependerá a ênfase que será dada, nos outros critérios, às condições dos pais e à participação deles no processo. Crianças muito dependentes necessitarão mais de mudanças nos pais para poder evoluir. Além disso, também necessitarão de condições ambientais favoráveis para manter os resultados conquistados após o encerramento da psicoterapia. Com crianças mais independentes, é possível focalizar o trabalho principalmente nelas, e até, algumas vezes, realizar uma psicoterapia breve semelhante à que é realizada com adultos.
- Tipo e intensidade das expectativas que os pais têm em relação à criança. Esse é considerado, por Palacio-Espasa (1984; 1985), o critério mais importante. Nossa experiência nos tem mostrado que a intensidade das projeções que os pais fazem sobre os filhos é um fator mais relevante do que a qualidade dos sentimentos envolvidos. Projeções muito intensas impedem que a criança desenvolva sua individualidade, e, para que seja possível uma discriminação entre os conflitos parentais e os da criança, é preciso que os pais possam retomar para si o que tenha sido projetado. A rigidez e a inflexibilidade das expectativas parentais são um sinal de que eles não podem tolerar em si mesmos esses aspectos, e que, portanto, não será possível auxiliá-los a atingir uma maior discriminação pais-criança num período breve de tempo.
- O quanto os pais se veem envolvidos no problema e nas possibilidades de solução. Esse critério tem relação direta com o anterior, pois quanto mais os pais precisarem manter longe de si mesmos os aspectos projetados na criança, menos terão condições de se reconhecer como participantes da situação. Nem sempre é fácil discriminar, no início do atendimento, o quanto se poderá contar com sua colaboração. Algumas vezes sentimentos de culpa intensos, ainda mais mobilizados pela vinda ao psicólogo, fazem que os pais precisem adotar uma postura defensiva. Nesses casos, uma atitude acolhedora e não culpabilizante por parte do terapeuta, além da valorização do papel dos pais, pode ajudá-los a se aproximar tanto do terapeuta quanto da criança. Se, no entanto, o afastamento é provocado por intensas dificuldades para reconhecer suas próprias características envolvidas nos problemas da criança, e especialmente

se ela é muito dependente, será difícil encontrar espaço para mudanças, principalmente num período limitado.

- Possibilidades dos pais de tolerar mudanças. Esse critério guarda uma relação direta com os dois anteriores. Além disso, é preciso considerar aqui outro aspecto: o papel que o sintoma da criança tem na organização da dinâmica familiar e na economia psíquica dos pais. Se esse papel é importante para manter um equilíbrio (mesmo que patológico), o efeito de um processo psicoterápico breve poderá ser negativo, pois mobilizará intensos conflitos na relação pais-criança, que não poderão ser elaborados num breve período.

- Possibilidades do estabelecimento de uma aliança terapêutica. É importante observar o tipo de expectativas que os pais têm em relação ao tratamento e o tipo de transferência que estabelecem com o terapeuta. Cramer (1974) considera que essa transferência (ou pré-transferência) tem relação direta com o tipo de expectativas que os pais têm em relação ao filho. Se forem muito rígidas, e especialmente se carregadas de sentimentos negativos, criarão obstáculos sérios, e, às vezes, intransponíveis à realização do trabalho. Quanto à possibilidade do estabelecimento de uma aliança terapêutica com a criança, é preciso considerar, em primeiro lugar, seu grau de dependência dos pais. Temos observado, em nossa prática clínica, que a motivação da criança para o tratamento e para a mudança guarda estreita relação com a motivação dos pais. Crianças mais independentes podem, muitas vezes, estabelecer uma aliança terapêutica mais independente da dos pais, mas aí é preciso considerar se os pais serão capazes de tolerá-la sem se sentirem muito ameaçados em sua relação com o filho.

- Condições psíquicas e nível de desenvolvimento da criança. Alguns autores consideram esse o critério de indicação mais importante (Lester, 1968), ao passo que outros afirmam que ele é secundário em relação às características do relacionamento pais-criança (Palacio-Espasa, 1984; 1985). Uma vez que a psicoterapia breve surgiu da necessidade de ampliar a oferta de serviços de atendimento psicológico à população, e dada a escassez de recursos desse tipo em nossa realidade, consideramos que a postura mais coerente é adotar critérios flexíveis e, como sugere Knobel (1986), buscar uma adaptação mútua dentro de objetivos possíveis. Assim, desde que os pais possam participar do processo (especialmente no caso de crianças pequenas ou muito dependentes), ou pelo menos tolerar as mudanças da criança (quando ela tiver maior grau de independência), é necessário apenas que ela demonstre condições mínimas para participar do trabalho: capacidade de estabelecer uma relação com o terapeuta, de poder criar com ele algum tipo de comunicação e de tolerar uma separação, que ocorrerá após um período delimitado. O importante é adequar os objetivos às possibilidades. Mesmo uma criança com distúrbios severos, se não puder receber uma assistência mais abrangente, poderá se beneficiar de um atendimento focalizado em dificuldades específicas.

As conclusões diagnósticas têm o objetivo principal de alicerçar um planejamento terapêutico que leve em conta as características do caso (que inclui criança e pais), suas necessidades e possibilidades, além das possibilidades do terapeuta e do contexto de atendimento. A ideia não é ter um plano rígido de trabalho, mas estabelecer parâmetros compatíveis com a situação em relação às áreas conflitivas com maiores necessidades e possibilidades de serem trabalhadas, aos tipos de intervenção mais adequados, a quem será atendido e com que frequência e à duração do processo, considerando-se se há limites reais que impõem uma duração preestabelecida ou se é possível trabalhar em função dos objetivos propostos, utilizando-se o tempo necessário para atingi-los.

Todos esses aspectos giram em torno da questão essencial, que é a relação e a aliança terapêutica e sua possibilidade de ser transformadora.

A fase terapêutica propriamente dita inclui intervenções flexíveis e adaptadas às características do caso, tanto em abrangência quanto em nível de aprofundamento. Com os pais trabalha-se especialmente sua forma de vivenciar esse papel, suas expectativas em relação à criança e a ligação entre essas expectativas e aspectos de seu passado, buscando-se maior diferenciação e discriminação de identidades. Com a criança, dependendo do caso, trabalham-se conflitos específicos, a construção de uma relação positiva que possa servir como um novo modelo, a expressão de afetos e emoções, a autoimagem, sempre respeitando suas possibilidades de comunicação e a importância da experiência vivida na relação terapêutica, e da brincadeira expressiva. Os focos do processo dos pais e do processo da criança são paralelos e complementares.

Dá-se especial atenção à fase de término, que é vivida pelos pacientes de acordo com sua história de perdas e com as possibilidades que tiveram de elaborá-las. Considera-se que é importante trabalhar os sentimentos ambivalentes que surgem nessa fase, evitando que o encerramento seja vivido como um abandono, o que comprometeria os resultados alcançados. Sempre que possível, é desejável realizar entrevistas de *follow-up*, que permitem aos pais e à criança se reassegurarem do interesse do terapeuta e da possibilidade de contar com uma ajuda disponível, se sentirem necessidade. Além disso, permitem ao terapeuta intervir precocemente se surgirem novas dificuldades, além de possibilitarem a avaliação do trabalho realizado e a manutenção dos resultados alcançados.

Com a finalidade de facilitar a compreensão e a comparação, segue-se um quadro (Quadro 1) que sintetiza as principais ideias dos diferentes autores citados, em relação aos aspectos abordados nos diferentes modelos de trabalho.

DELINEAMENTO DE MODELOS DE PSICOTERAPIA BREVE INFANTIL

Analisar as diferentes propostas de PBI e tentar organizá-las em modelos de trabalho é uma tarefa que se torna difícil pela própria escassez do material disponível. Muitos dos autores que estudaram a psicoterapia psicodinâmica breve aplicada a adultos desenvolveram extensamente suas propostas, não só do ponto de vista de suas bases teóricas, mas também em relação à técnica e à teoria da técnica; realizaram pesquisas cuidadosas, escreveram livros e inúmeros artigos, e algumas vezes até manuais para o treinamento de terapeutas. Daí resulta não só um elevado nível de desenvolvimento do trabalho, mas também a transmissão mais abrangente das ideias e conclusões que emergiram.

QUADRO 1 SÍNTESE DAS IDEIAS DE CADA AUTOR OU GRUPO DE AUTORES EM RELAÇÃO AOS PRINCIPAIS ASPECTOS DE SUA PROPOSTA DE PSICOTERAPIA BREVE INFANTIL (OLIVEIRA, 2007)

	Mackay	Lester	Proskauer	Messer e Warren	Grupo de Genebra	Muratori et al.	Aberastury	Knobel	NEPPB
Foco	Conflito específico mais provável de ser modificado – atitudes parentais patogênicas	Padrões de comportamento inadequados (regressões ou inibições)	Aspectos centrais que possam ser trabalhados no tempo disponível	Falhas adaptativas diante de demandas situacionais, consideradas no contexto dinâmico e relacional	"Área de conflito mútuo"	Conflito atual e sua relação com o conflito transgeracional	Conflito em situação específica, principalmente emergencial e aguda	Situações emergenciais ou problemas psiquiátricos diversos (sem especificações)	Áreas conflitivas com maiores necessidades/possibilidades de serem trabalhadas, envolvendo a relação pais-criança
Objetivos	Modificar relações de objeto e imagens parentais	Desenvolver o autoconhecimento e amenizar ou eliminar sintomas desadaptativos	Facilitar mudanças numa área delimitada	Reduzir ou eliminar a distância entre os recursos adaptativos e as demandas situacionais	Restabelecer os limites entre o ***self*** da criança e o dos pais, propiciando a retomada do curso do desenvolvimento	Elucidar um tema conflituoso central da relação pais-criança, sua ligação com os sintomas, percepções distorcidas e representações mútuas	Curar de forma sintomática ou resolver um conflito determinado	Favorecer o pleno exercício das potencialidades e o desenvolvimento do processo evolutivo	Realistas e adaptados às possibilidades do caso e às condições do atendimento
Estratégias	Interpretação precoce e sistemática das manifestações mais acessíveis do conflito emocional central	Principalmente interpretação, ao lado de outras formas de intervenção	Estruturação de uma relação de ajuda (aliança terapêutica) por meio da comunicação verbal ou simbólica. Atenção espe-	Continência do terapeuta para possibilitar atividade criativa e expressão de afetos e emoções	Interpretações dirigidas à relação pais-criança, sua relação com a história dos pais e outros tipos de intervenção	Interpretação do tema conflituoso central e de sua relação com sintomas e com o mundo representacional, e outros tipos de	Fornecer informações sobre a situação vivida e trabalhar com emergentes por meio da interpretação adaptada à PBI	Interpretações parciais que evitem regressão, transformar informação falsa em verdadeira	Flexíveis e adaptadas ao caso, tanto em abrangência quanto em nível de aprofundamento

Pais	Intervenção sobre atitudes patogênicas	Clarificação, explicação, orientação e reeducação	Foco em sua própria patologia ou sua relação com a criança	Envolvimento direto como aliados no trabalho	Intervenções dirigidas à relação com a criança e à relação entre a situação atual e o passado dos pais	Elucidar o conflito atual e sua relação com o conflito transgeracional	Informação sobre a situação atual e interpretação	Orientação terapêutica, acompanhamento terapêutico ou psicoterapia	Foco no papel dos pais e na relação com a criança e ligação com aspectos do passado
Número de sessões	Média de 6 a 12	--	Média de 6 a 20	Depende do caso e das condições reais	Média de 8 a 10	No máximo 11 (entre criança e pais)	--	--	Variável, de acordo com o caso e com os limites reais
Forma de atendimento	Separada ou conjunta, com o mesmo terapeuta ou não	Separada ou conjunta, com o mesmo terapeuta	Não deixa claro, mas dá a entender que a criança é atendida individualmente	Separada ou conjunta	Flexível, de acordo com o desenrolar do processo; mesmo terapeuta	Sessões conjuntas e só com a criança; mesmo terapeuta	Criança individualmente, pais individualmente ou em grupo	Separada, conjunta, só pais ou psicoterapia familiar	Separada ou conjunta, mesmo terapeuta ou terapeutas diferentes, desde que o trabalho seja bem integrado

Como já ressaltamos anteriormente, o mesmo não se aplica aos autores que se propuseram a realizar esse tipo de intervenção com crianças. Na maior parte das vezes, sua produção sobre o assunto é bastante limitada, restringindo-se a um ou dois artigos, que não têm sequência em trabalhos posteriores. Pode-se deduzir então que, por algum motivo, o trabalho foi interrompido ou se desviou para outros interesses. Algumas vezes encontramos indícios ou mesmo comprovação de que isso ocorreu, como é o caso do Grupo de Genebra, que, em virtude de seu objetivo de cada vez mais se aproximar de uma prevenção primária, voltou sua atenção para crianças cada vez mais novas, desenvolvendo estudos sobre técnicas psicoterápicas para mães e bebês.

Apesar das dificuldades, no entanto, consideramos que pode ser útil fazer uma tentativa de classificação das formas de trabalho em PBI, uma vez que isso ajudaria a organizar as ideias em torno do tema e perceber melhor sua evolução. Vamos, para isso, utilizar os parâmetros dos quais se valeram Messer e Warren (1995) para classificar as psicoterapias breves de adultos, a partir da concepção de modelos teóricos aplicados à psicanálise por Greenberg e Mitchell (1994).

Messer e Warren (1995) dividem as propostas de técnicas psicoterápicas breves para adultos em três modelos principais: o pulsional/estrutural, o relacional e o integrativo ou eclético. Os dois primeiros referem-se ao que Greenberg e Mitchell (1994) consideram os dois grandes modelos teóricos existentes na psicanálise, que têm origem em diferentes visões do homem e refletem diferentes enfoques: o modelo pulsional/estrutural se refere à visão freudiana, e o modelo relacional caracteriza a Teoria das Relações Objetais e a Psicologia do *Self*. O terceiro modelo, o integrativo, é fruto de uma tendência a integrar técnicas e conceitos de diferentes tradições terapêuticas, com o objetivo de aumentar a eficiência e as possibilidades de aplicação das psicoterapias. Essa busca tem ocorrido de três maneiras principais: pela procura de fatores comuns às diversas propostas de trabalho, que poderiam ser responsáveis pelo sucesso de diferentes tipos de psicoterapias; pela maior flexibilidade técnica, e pelas tentativas de integração teórica.

Segundo Yoshida (2004), o modelo pulsional/estrutural é o adotado pelo que ela denomina a primeira geração de autores dentro da psicoterapia breve, que a propuseram como uma psicoterapia de orientação psicanalítica aplicada a situações específicas. Esses autores, entre os quais estão Malan, Sifneos e Davanloo, introduziram modificações técnicas em relação à psicanálise, tais como maior atividade do terapeuta, o estabelecimento de foco e objetivos limitados, mas mantiveram princípios como a neutralidade do terapeuta, a busca da reconstrução genética do sintoma e a associação livre. Dessa forma, a ênfase permanece na compreensão do conflito intrapsíquico e de como ele se manifesta na transferência, e a principal ferramenta de trabalho continua sendo a interpretação.

No campo da psicoterapia breve infantil, reconhecemos essa forma de trabalho em Mackay (1967) e Lester (1968). Não por acaso são trabalhos surgidos entre o final da década de 1960 e o início da de 1970, período incluído naquele em que surgiu a primeira geração de autores da psicoterapia breve de adultos. Ambos ressaltam a interpretação do material inconsciente como principal instrumento de trabalho e propõem uma forma de intervenção breve com crianças que se aproxima bastante daquelas destinadas aos adultos. Lester (1968) afirma, inclusive, que seu objetivo continua sendo o mesmo da psicanálise, ou seja, o desenvolvimento do autoconhecimento.

Um caso particular, aqui, é o de Aberastury (1972). Como seguidora da teoria kleiniana, ela se vincularia, a rigor, à teoria das relações objetais. No entanto, ela denomina sua proposta exatamente da mesma forma que Yoshida (2004) utiliza para descrever as propostas dos autores do modelo pulsional/estrutural: psicoterapia de orientação analítica aplicada a situações específicas. Também em termos técnicos e quanto a seus objetivos sua proposta assemelha-se a esse modelo, priorizando a interpretação de material inconsciente como instrumento de trabalho, embora ressalte que é necessária alguma adaptação da interpretação aos limites de uma intervenção breve. Em virtude disso, consideramos que a proposta de Aberastury está mais próxima do modelo pulsional/estrutural.

Dois aspectos principais podem ser ressaltados nesse modelo. O primeiro é que, com exceção da utilização do material lúdico, a estrutura do processo terapêutico parece muito semelhante à dos modelos para adultos, tanto em termos de objetivos quanto de tipos de intervenção e do tipo de relação que o terapeuta estabelece com o paciente. Consideramos que é a isso que se referem Warren e Messer (1999) quando avaliam haver, em algumas formas de trabalho com crianças, uma contaminação daquelas desenvolvidas para adultos. O segundo aspecto diz respeito à inserção dos pais no processo. Todos os autores ressaltam a necessidade de se levar isso em conta, mas os que estamos considerando nesse primeiro modelo não explicitam claramente como isso é feito, ou sugerem indicações semelhantes às utilizadas algumas vezes pela psicanálise de crianças: grupos de orientação de pais ou psicoterapia individual. Nossa opinião é a de que, embora esses autores considerem a importância do papel dos pais tanto na gênese das dificuldades infantis quanto em seu tratamento, sua forma de trabalhar com crianças, muito semelhante à utilizada com adultos, dificulta a possibilidade de encontrar uma maneira de incluir os pais no processo.

O modelo relacional é fruto de uma filosofia da ciência que reconhece a natureza contextualizada do conhecimento, e que se refletiu na psicanálise especialmente através da ênfase nas relações objetais, gerando uma nova visão da teoria da personalidade, da psicopatologia e da técnica psicoterápica. O critério que Messer e Warren (1995) utilizam para identificar esse modelo de psicoterapia breve é a ênfase nas relações objetais como clinicamente centrais. Assim, o relacionamento humano é a questão central, e o objetivo da psicoterapia é compreender suas representações, além das expectativas, ansiedades e defesas envolvidas nos padrões de relacionamento interpessoal que o indivíduo estabelece. A própria relação terapêutica passa a ser uma questão central, sobrepondo-se a outras preocupações técnicas e flexibilizando a forma de trabalho.

Consideramos que, nas psicoterapias breves infantis, essa visão, que toma como questão central o relacionamento humano, fez com que fosse colocada como foco de atenção a relação pais-criança. Em outras palavras, se o principal objetivo motivacional do comportamento humano é o relacionamento interpessoal, e se, no caso das crianças, a relação com os pais exerce papel fundamental, então é ela que centraliza as possibilidades de compreensão e de mudança das dificuldades infantis. Os pais, que no modelo pulsional/estrutural tinham sua importância reconhecida, mas não um lugar bem definido no trabalho, passam aqui a ser o elemento central da intervenção psicoterápica. Isso pode ser visto claramente na proposta do Grupo de Genebra, que focaliza a relação pais-criança, enfatizando a transmissão geracional de padrões de relacionamento, que também se repetem na relação transferencial com o terapeuta. A psicoterapia focalizada no que Cramer (1974) denomina "área de conflito mútuo" entre os pais e a criança visa a explicitar esses modelos de relacionamento e, a partir de sua compreensão, discriminar as situações passadas das atuais, modificando a visão que os pais têm da criança e de sua relação com ela, e favorecendo a discriminação de identidades. O fato de terem trabalhado preferencialmente com crianças em idade pré-escolar, portanto com maior grau de dependência e mais suscetíveis às influências parentais, tornou ainda mais importante o papel dos pais no processo psicoterápico. Também a proposta do grupo de Muratori (2002), inspirada na do Grupo de Genebra, é um exemplo desse modelo, o que fica ainda mais claro quando eles ressaltam a influência que receberam de Luborsky, um dos principais representantes do modelo relacional na psicoterapia breve de adultos.

O modelo integrativo lança mão de maior flexibilidade e da adaptação da técnica a cada caso, buscando em diferentes fontes teóricas ou técnicas os recursos para o trabalho. Mann é considerado um precursor da técnica integrativa na psicoterapia breve de adultos, pois, embora faça parte da primeira geração de autores, tentou integrar constructos de diferentes escolas psicanalíticas (ego, pulsão, objeto e *self*) e adotou uma técnica flexível, adequada a cada paciente. Consideramos que Proskauer (1971), influenciado por ele, exerce esse mesmo papel na psicoterapia breve infantil: dá menos importância à interpretação como instrumento de trabalho, e maior importância à aliança terapêutica e ao que é vivido na relação, respeitando as possibilidades de comunicação da criança. Assim, tanto a explicitação do foco quanto as próprias intervenções não precisam ser expressas verbalmente, mas podem ser compartilhadas no nível da comunicação simbólica e da experiência vivida. Além disso, em vez de adotar critérios de seleção de pacientes, propõe mudanças técnicas que adaptem o trabalho e tornem possível o atendimento de casos considerados pouco indicados para psicoterapia breve, inclusive de crianças institucionalizadas. Percebe-se aqui não uma transposição da técnica da psicanálise infantil, nem da psicoterapia breve de adultos, mas um modelo específico, que busca uma forma breve de intervenção, respeitando as características típicas da infância.

Messer e Warren (1995) demonstram essa mesma preocupação, criticando o que consideram uma contaminação do trabalho com adultos nas propostas para crianças: interpretações muito complexas e intelectualizadas, confrontação de defesas, ênfase na utilização dos limites de tempo, cujo conceito a criança pode ainda não ter bem estabelecido. Ressaltam a importância de se levar em conta as possibilidades da criança, em termos de compreensão e comunicação, e de se valorizar, como propõe Winnicott, a atividade criativa, a brincadeira expressiva e a expressão de afetos e emoções, mais do que a tentativa de torná-los conscientes. O foco, que é considerado mais um guia para o terapeuta, deve incorporar aspectos do desenvolvimento, psicodinâmicos, ambientais e referentes à crise imediata. Buscam, acima de tudo, uma integração entre a teoria psicanalítica e as teorias de desenvolvimento infantil, e o conceito de adaptação entre os recursos individuais e as demandas impostas pelo processo de desenvolvimento.

Consideramos também de tipo integrativo a proposta de Knobel, que dá ênfase aos aspectos cognitivos, levando em conta que, em psicoterapia breve, sua participação no processo de elaboração é maior do que a dos aspectos afetivos. Assim, busca alterar as distorções cognitivas, e com isso possibilitar mudanças parciais nos vínculos objetais. Além disso, postula a utilização de elementos técnicos advindos de outros referenciais teóricos, sempre que se considerar que isso possa aumentar a eficiência e abreviar a duração da psicoterapia.

Nossa forma de trabalho é também de tipo integrativo. Busca-se, a princípio, uma compreensão biopsicossocial do caso, que inclui os aspectos psicodinâmicos, a dimensão do desenvolvimento, a adaptação ao meio, o referencial transgeracional e os padrões de relacionamento interpessoal. A partir dessa compreensão, o planejamento terapêutico é adaptado às características e possibilidades do caso, do terapeuta e das condições externas, inclusive no que diz respeito aos tipos de intervenção utilizados no contínuo suportivo-expressivo. O importante, a nosso ver, é que, qualquer que seja o tipo de intervenção, ela se baseie numa compreensão dinâmica de sua motivação e numa avaliação da utilização que determinado paciente pode fazer dela. O trabalho com uma população ampla e heterogênea, os contextos institucionais e a experiência de supervisionar terapeutas em formação conduziram-nos naturalmente a uma postura mais flexível.

CONSIDERAÇÕES SOBRE CRITÉRIOS DE INDICAÇÃO

Decidir para que casos determinada modalidade psicoterapêutica é ou não indicada é um problema que tem despertado a preocupação da grande maioria dos autores no campo das psicoterapias breves. A preocupação é compreensível, uma vez que essa forma de trabalho tem sua origem ligada à busca de melhores resultados com menor ônus. A importância atribuída ao assunto varia, e vai desde o reconhecimento da necessidade de se buscar, para cada paciente, um tipo de intervenção compatível com suas necessidades e possibilidades, ao cuidado com riscos iatrogênicos, ou para se evitar perda de esforço e de recursos com indicações inadequadas, até, muitas vezes, à expectativa de que se possa encontrar qual é efetivamente a melhor forma de intervenção para determinado tipo de paciente, ou para determinada categoria diagnóstica.

O problema, no entanto, é muito mais amplo do que definir quais são as características de um paciente que tornam mais ou menos provável o sucesso terapêutico. Yoshida (1990) já chamara a atenção para um aspecto importante, enfatizado por vários autores quando se fala em critérios de indicação: é preciso não só levar em conta de que tipo específico de psicoterapia se está falando, mas também o fato de que cada processo psicoterápico se dá a partir da interação de um paciente com um terapeuta, num determinado momento e num determinado contexto, e disso decorre uma dinâmica específica. Portanto, pensar em critérios psicodiagnósticos implica sempre algum artificialismo.

Apesar disso, há uma concordância entre os autores a respeito do fato de que crianças com dificuldades menos severas tendem a responder melhor ao tratamento. Isso não ocorre apenas em relação à psicoterapia breve ou às crianças, mas a todos os tipos de psicoterapia, em qualquer faixa etária. Quanto melhores forem os recursos do paciente e menores suas limitações, em geral, mais ele poderá se beneficiar da intervenção. Esta, no entanto, como qualquer regra geral, não se aplica necessariamente a um paciente em particular, porque muitos outros fatores estão em jogo quando se fala em processo psicoterapêutico. Sabe-se, por exemplo, que a motivação do paciente para o tratamento é uma questão essencial; sabe-se também que a aliança terapêutica que se estabelece é determinante nos resultados, e que ela depende não só de características do paciente e do terapeuta, mas do tipo especial de combinação que se dá entre elas. Em nossa prática clínica temos observado a tendência geral já citada, mas temos observado também um número expressivo de casos que fogem a essa regra, e cujos resultados surpreendem, seja positiva, seja negativamente.

Além dessa tendência geral, cada autor tem sua própria concepção sobre a importância dos critérios de indicação, e sobre o que é mais importante levar em conta. Essas diferentes concepções têm também diferentes origens: a prática clínica do autor, suas observações empíricas, pesquisas ou hipóteses construídas a partir de seus referenciais teóricos e técnicos.

Consideramos, no entanto, que é possível dividir os autores citados em três grupos principais, no que se refere a suas concepções em relação a critérios de indicação para psicoterapia breve de crianças. Não por acaso, esses grupos correspondem aos três modelos de psicoterapia breve considerados anteriormente: o modelo pulsional/estrutural, o modelo relacional e o modelo integrativo.

Assim, Mackay (1967) considera que o mais adequado é relacionar as indicações terapêuticas com categorias diagnósticas específicas e, de acordo com ele, a psicoterapia breve estaria indicada para os casos menos graves, ou seja, quando não há estrutura psicopatológica estável. As afirmações do autor revelam a expectativa de se atingir uma elevada capacidade de previsão de resultados. Ele parte dos critérios de Malan, que, como se sabe, são tão rigorosos que o próprio Malan admitiu o limitado valor prático de sua proposta, já que ela beneficiaria um número muito restrito de pessoas. Mackay (1967) considera também a possibilidade da indicação de psicoterapia breve como paliativo, mas apenas em situações muito específicas.

Lester (1968) tem posição semelhante: ela exclui os casos mais graves e as crianças com histórico de vínculos instáveis ou ausentes, e acrescenta a importância de se levar em conta a flexibilidade da família.

A visão desses dois autores, baseada na ideia de que haveria uma relação direta entre categorias diagnósticas e possibilidades de sucesso terapêutico e no estabelecimento de critérios rigorosos, que reservam a psicoterapia breve aos casos com melhores recursos psíquicos, é característica dos autores do modelo pulsional/estrutural, que propõem uma intervenção interpretativa, tecnicamente bastante próxima da psicanálise. Ela foi posteriormente contestada por muitos outros autores (Proskauer, 1971; Knobel, 1977; Warren; Messer, 1999), não só porque não foi corroborada por pesquisas e pelo desenvolvimento subsequente da área, mas também porque resultava numa aplicabilidade restrita de uma forma de trabalho que surgiu com o objetivo exatamente oposto, ou seja, de estender a possibilidade de tratamento psicoterápico a um número maior de pessoas.

Palacio-Espasa (1984), ao contrário, afirma explicitamente que o sucesso terapêutico não tem relação com a sintomatologia da criança ou com um quadro clínico específico, mas com a configuração dinâmica da relação pais-criança, que corresponde ao tipo de pré-transferência que os pais estabelecem com o terapeuta. Esse autor, um dos membros do Grupo de Genebra, coloca como foco central de seus critérios, como se pode ver, a relação tanto entre os pais e a criança, quanto entre os pais e o terapeuta, e é em virtude disso que o consideramos um representante do modelo relacional. Como aqui a relação é também o foco do trabalho, o que se avalia como critério de indicação são as características dos padrões relacionais do paciente e sua acessibilidade a mudanças.

O grupo italiano de Muratori, em seu primeiro trabalho citado (Muratori; Maestro, 1995), segue esses mesmos critérios, considerando indicados para psicoterapia breve os casos em que a relação pais-criança apresenta configuração neurótica, e nos quais se observa uma pré-transferência positiva com o terapeuta, e contraindicados aqueles caracterizados por uma relação pais-criança com configuração psicótica, que estabelecem com o terapeuta uma relação transferencial marcada por sentimentos hostis e persecutórios. No segundo artigo (Muratori et al., 2002), no entanto, essa posição aparece modificada: questionam a possibilidade de avaliar o resultado do trabalho para tipos particulares de pacientes, em função da falta de instrumentos suficientemente sofisticados, e propõem um modelo de psicoterapia bastante estruturado, igual para todos os casos em relação a número de sessões, sequência do trabalho etc., para facilitar a comparação de resultados, aproximando-se muito do modelo de pesquisa quantitativa. Os critérios de seleção dos casos que participaram da pesquisa são bastante rigorosos, assemelhando-se aos dos autores do modelo pulsional/estrutural. Surpreende-nos, inclusive, a presença, entre esses critérios, da exigência de "QI acima de 90", numa visão meramente quantitativa e mensurável da inteligência da criança, característica de fases anteriores do desenvolvimento do conhecimento psicológico.

Os autores que consideramos como representantes de uma forma integrativa de trabalho apresentam uma visão bem mais flexível sobre que casos podem se beneficiar de um tratamento psicoterápico breve, e em geral afirmam que o sucesso terapêutico tem relação com a presença de características relacionais e psicodinâmicas ligadas ao processo, muito mais do que com a categoria diagnóstica à qual o paciente possa pertencer. Além disso, esses autores se referem ao assunto não no sentido de procurar critérios para selecionar pacientes, mas ressaltam a necessidade de se adaptar o trabalho às possibilidades de cada caso. Assim, a compreensão diagnóstica do caso objetiva dar ao terapeuta melhores condições para promover essa adaptação, e o que se considera como critérios de indicação são apenas as condições mínimas necessárias para permitir o estabelecimento de uma relação terapêutica que possa resultar em algum benefício, mesmo que parcial e limitado. Essa é, em essência, a posição de Proskauer, Warren e Messer, Knobel, e também a nossa.

Quando se fala em adaptar o trabalho às possibilidades de cada caso, no entanto, seria desejável que se pudesse contar com alguns referenciais que auxiliassem nessa tarefa, servindo como parâmetros gerais organizadores do raciocínio clínico. Isso nos parece especialmente importante no caso do trabalho com crianças, pela complexidade que o caracteriza, já que se tem que levar em conta uma rede de relações, que envolvem a criança, os pais e o terapeuta, e a heterogeneidade da população infantil, nos diferentes momentos do desenvolvimento.

É à dimensão do desenvolvimento infantil que pretendemos dar agora atenção especial, considerando que, utilizada em conjunto com a visão psicodinâmica, ela pode acrescentar contribuições essenciais à compreensão do caso, à formulação do foco e ao planejamento terapêutico. A própria psicopatologia infantil e a emergência de sintomas podem ser vistas como quebras ou impasses no processo de desenvolvimento, que prejudicam o funcionamento adaptativo diante das novas demandas com as quais a criança tem que se defrontar constantemente.

Vamos, a seguir, abordar a questão do desenvolvimento para, posteriormente, sugerir uma maneira de utilizá-lo na compreensão diagnóstica do caso e no planejamento terapêutico.

A VERTENTE DO DESENVOLVIMENTO INFANTIL

Desenvolvimento, de acordo com Maier (1991, p. 11), é

> [...] um termo a princípio biológico, que se refere ao crescimento fisicamente observável do tamanho ou da estrutura de um organismo durante um período determinado. Aplicado às ciências da conduta, denota os processos vinculados temporalmente, as mudanças progressivas do funcionamento adaptativo. (tradução nossa)

Pode ser compreendido como uma sucessão de mudanças constitucionais e aprendidas, integradas e constantes, que conformam a personalidade de um indivíduo. Mudança é aqui entendida como uma transição de um estado a outro, ao passo que desenvolvimento se refere aos elementos dinâmicos e unidirecionais da mudança; portanto, a um processo que se baseia tanto em mudança quanto em constância. O desenvolvimento implica mudanças previsíveis; portanto, inclui a constância das mudanças, em regularidade rítmica. Ainda segundo Maier (1991), o desenvolvimento anormal ou patológico é imprevisível, porque nele variam o ritmo e a intensidade das mudanças previstas nos processos normais.

Podemos concluir então que, quanto melhor conhecermos o processo normal de desenvolvimento, suas mudanças previsíveis e seu ritmo, melhor e mais precocemente poderemos identificar as variações que fogem ao campo da normalidade. A nosso ver, esse é um conhecimento imprescindível, entre muitas outras coisas, para o exercício da psicologia clínica, em especial quando se trabalha com crianças, uma vez que é o referencial a partir do qual se tentará discriminar se as manifestações e a conduta de determinada criança demandam ou não cuidados especiais.

A intenção de utilizar os conhecimentos sobre o desenvolvimento infantil como um parâmetro para a análise de casos clínicos nos colocou frente à necessidade de escolher, como referencial, uma entre as diversas teorias e estudos existentes sobre o assunto.

A opção pela teoria epigenética de Erikson se deve a vários fatores, que encerram, na verdade, uma coincidência de pressupostos, concepções e conclusões entre o trabalho desse autor e a forma como temos desenvolvido nosso próprio trabalho.

Erikson foi um psicanalista que ampliou significativamente o pensamento psicanalítico, integrando a ele conhecimentos advindos da psicologia social, da antropologia cultural, das artes em geral e, principalmente, do estudo dos processos históricos. Além disso, suas concepções a respeito do trabalho clínico com crianças nos parecem surpreendentemente modernas, especialmente se levarmos em conta que foram escritas, em grande parte, na década de 1950, e é ainda mais surpreendente a semelhança entre algumas de suas afirmações e as ideias que têm norteado a psicoterapia breve de crianças. Consideramos que ele é um precursor da concepção de conflito transgeracional. Em *Infância e sociedade*, Erikson (1976), afirma: "[...] ajudamos toda uma família a aceitar a crise de um de seus membros como uma crise de história familiar" (p. 28). Além disso, coloca como questão central, no trabalho com crianças, a relação entre elas e os pais, vista como uma regulação mútua: "[...] a família educa uma criança ao ser educada por ela" (p. 62) e "[...] o estímulo psíquico na vida de uma criança é idêntico ao conflito mais neurótico de sua mãe" (p. 25).

Além de levar em conta como questão central a relação pais-criança, Erikson amplia essa visão, incluindo a importância do contexto sociocultural no qual essa relação tem lugar. Assim, considera o contexto social, as características familiares, em perspectiva histórica, os elementos constitucionais, inclusive orgânicos, e o momento do desenvolvimento no qual todos esses aspectos se cruzam, numa verdadeira e atual concepção biopsicossocial.

Em termos técnicos, seu trabalho guarda estreitas aproximações com as propostas mais atuais de psicoterapia breve infantil. O caso de Sam, relatado em *Infância e sociedade* (Erikson, 1976), é um interessante exemplo de como o autor utiliza a compreensão diagnóstica para realizar intervenções precoces e focalizadas, adotando uma atitude mais ativa, além de incluir um atendimento aos pais, para que reexaminem seu papel no distúrbio da criança. Nessa mesma direção, afirma que a tarefa do terapeuta:

> [...] consiste em restabelecer uma mutualidade de funcionamento entre o paciente infantil e seus pais, de tal modo que, em vez de várias tentativas inúteis, penosas e destrutivas de controlar-se uns aos outros, se estabeleça uma regulação mútua que restitua o autocontrole tanto à criança quanto ao genitor. (Erikson, 1976, p. 61)

A teoria do desenvolvimento de Erikson, construída dentro dessa concepção, tem ainda a importante e rara característica de levar em conta todo o ciclo do desenvolvimento, do nascimento à morte, o que nos traz a vantagem de poder utilizá-la não só na análise de casos de crianças mais velhas, mas inclusive para a compreensão dos pais.

ERIK ERIKSON: NOTAS BIOGRÁFICAS

Essa apresentação de alguns dados biográficos de Erikson busca a coerência com as concepções do autor, que considerava que as ideias e o trabalho de qualquer indivíduo podem ser mais bem compreendidos em relação com sua vida e seu momento histórico.

Erikson nasceu em 1902, filho de mãe judia dinamarquesa e de pai desconhecido. Não chegou nem sequer a saber o nome de seu pai, uma vez que, até o fim da vida, a mãe se recusou a revelar sua identidade. Ela, uma mulher culta, interessada em filosofia e poesia, mudou-se grávida para a Alemanha, onde tinha amigos, e lá Erikson nasceu. Quando ele tinha três anos, sua mãe conheceu o pediatra Theodor Homburger, com quem se casou, e que deu a Erikson seu sobrenome.

Estudou na Alemanha e, após concluir o *Gymnasium* (que equivale aproximadamente a nosso Ensino Médio), resolveu ingressar na escola de arte de Munique, em vez de cursar uma universidade. Era um excelente desenhista, especialmente de retratos de crianças. Mais tarde, interrompeu seus estudos para viajar à Itália e, durante algum tempo, viveu alternadamente na Alemanha e em Florença, inseguro em relação a seu futuro profissional, até que, aos 25 anos, resolveu ensinar arte na Alemanha. Seu melhor amigo era Peter Blos, que posteriormente imigrou para os Estados Unidos e se tornou um famoso psicanalista. Ele convidou Erikson para trabalhar com ele em uma pequena escola de Viena. A escola havia sido fundada por Dorothy Burlingham, para cerca de vinte crianças, em geral filhos de estrangeiros que iam fazer sua formação analítica em Viena, e funcionava na casa de Eva Rosenfeld; ambas pertenciam ao círculo de Freud.

Erikson interessou-se pelo trabalho da escola e estudou o método Montessori; acabou sendo convidado por Anna Freud a fazer sua formação analítica. Fez sua análise didática com ela, que o incentivou a trabalhar com crianças. Em 1933, graduou-se como psicanalista pelo Instituto de Psicanálise de Viena. Na escola de Dorothy Burlingham conheceu Joan Serson, que também trabalhava lá como professora, e fazia seu doutorado em dança. Com ela se casou e estabeleceu uma parceria pessoal e profissional pelo resto da vida.

Após concluir sua formação, na qual foi influenciado especialmente por Anna Freud e Hartmann, e para evitar a ameaça dos regimes totalitários, ameaça esta que já pairava sobre Itália, Alemanha e Áustria, pensou em se estabelecer em Copenhague, a terra de sua mãe. Mas acabou indo para os Estados Unidos, principalmente por estar casado com Joan, uma canadense criada nos Estados Unidos, com quem tinha, então, dois filhos pequenos. Estabeleceu-se em Boston, onde sua reputação de analista de crianças e adultos cresceu rapidamente, e realizou trabalhos nas universidades de Yale e da Califórnia. Em Harvard, encontrou um ambiente médico influenciado por um trabalho psiquiátrico social, que dava abertura para a abordagem multidisciplinar. Estabeleceu contato com um grupo de antropólogos, especialmente com Scuder Merkeel e com Margaret Mead, e, por influência deles e de seu interesse pelo estudo antropológico da educação infantil e dos métodos de criação de filhos, visitou e pesquisou diversas reservas indígenas americanas, especialmente a de Pine Ridge, dos índios *sioux*, em Dakota do Sul, e a dos *yurok*, na costa do Pacífico. Essas experiências tiveram profunda influência sobre ele, tanto no aspecto pessoal quanto na construção de sua teoria do desenvolvimento humano. Ao voltar de Pine Ridge, Erikson mudou-se para a Califórnia, naturalizou-se americano (em 1939) e mudou seu nome para Erik Homburger Erikson. Segundo seus biógrafos (Welchman, 2000), essa foi uma forma de tentar resolver uma longa crise de identidade, que não por acaso é um conceito central em seu trabalho. A luta entre as possibilidades de ser luterano ou judeu, alemão, dinamarquês ou americano, o fato de nunca ter sabido quem foi seu pai biológico e as relações ambivalentes com a mãe e o padrasto levaram os biógrafos a fazer várias interpretações sobre os motivos da escolha desse sobrenome sugestivo, e da manutenção do "H" de Homburger na capa de todos os seus livros.

Do ponto de vista profissional, certamente essa questão pessoal teve grande influência em seu interesse especial pelo estudo do processo de formação da identidade e pelo estudo de diferentes contextos culturais e das raízes históricas dos eventos psicológicos.

A possibilidade de observar *in loco* a vida em outras culturas, em suas visitas às reservas indígenas, levou Erikson a considerar as limitações da teoria psicanalítica para explicar e lidar adequadamente com o normal e com o trivial. Da mesma forma, quando posteriormente trabalhou como consultor nas forças armadas, durante a Segunda Guerra Mundial, observou a limitação da psicanálise para explicar a adaptabilidade humana e sua capacidade de ajustamento, uma preocupação que consideramos precursora do interesse atual pelo conceito de resiliência.

A organização de suas ideias sobre o desenvolvimento humano, dividindo-o em oito estágios, foi feita a partir de um convite para apresentar um artigo, "Growth and Crises of the 'Health Personality'", na Midcentury White House Conference on Children and Youth, na década de 1940. Após o artigo original, as ideias sobre o ciclo de vida continuaram sendo desenvolvidas até sua morte, em 1994, e tiveram ainda contribuições posteriores de sua esposa Joan Erikson. A versão ampliada de *O ciclo de vida completo* (Erikson, 1998), em que ela acrescentou à versão inicial novos capítulos sobre o nono estágio do desenvolvimento, foi publicada originalmente em 1997.

A obra de Erikson teve grande influência, em especial na psicologia do desenvolvimento, na teoria e na prática psicoterapêuticas e nos estudos interdisciplinares, incluindo a aplicação das contribuições psicodinâmicas a outras disciplinas. Essa influência, no entanto, foi muito maior nos Estados Unidos do que na Inglaterra, onde tiveram maior penetração as ideias de Bowlby e de Winnicott, que também atribuíam importância especial à relação pais-criança no desenvolvimento da confiança básica. No Brasil, onde a influência para o desenvolvimento da psicanálise foi principalmente europeia e a teoria das relações objetais teve penetração muito maior do que a assim chamada psicologia do ego, as ideias de Erikson são ainda pouco conhecidas e, a nosso ver, não foram suficientemente valorizadas.

É possível encontrar várias semelhanças entre as ideias de Erikson e as de Winnicott, não só no que diz respeito à relevância das relações iniciais, mas também à importância da continuidade da experiência, em especial no início da vida, ao valor do brincar e a seu potencial terapêutico, e a uma ênfase nos aspectos saudáveis e no potencial humano para o desenvolvimento. Erikson, no entanto, integrou à sua visão do desenvolvimento do indivíduo o referencial histórico e sociocultural no qual ele ocorre, e apresentou-o como um ciclo completo, do nascimento à morte, inserido ainda como um elo no ciclo das gerações.

A TEORIA EPIGENÉTICA DE ERIKSON

ORIGEM

Partindo da psicanálise de Freud e, em especial, da teoria da libido e da teoria da sexualidade infantil, Erikson se propôs a fazer uma reformulação desta última e a procurar o lugar adequado da teoria da libido na totalidade da vida humana. Considera que ela foi descrita por Freud utilizando, como analogia, a teoria termodinâmica de sua época, mas acabou sendo tomada de forma concreta, o que resultou em uma série de afirmações não fundamentadas. Considera que um dos grandes méritos de Freud foi ter evidenciado que a sexualidade se desenvolve por etapas, num crescimento ligado a todo o desenvolvimento epigenético. É especialmente baseado nessa concepção que Erikson desenvolve suas ideias.

A importância que atribui à experiência, e em especial à sua continuidade, retira, no entanto, a ênfase colocada por Freud no aspecto sexual ou libidinal das fases do desenvolvimento, e acrescenta maior importância aos processos de socialização. Redireciona a ênfase na dinâmica do mundo interno do indivíduo para a dinâmica do indivíduo em relação numa realidade sociocultural. De acordo com Maier (1991), se a missão de Freud foi demonstrar a existência e o funcionamento do inconsciente, a de Erikson foi assinalar as oportunidades de desenvolvimento do indivíduo, demonstrando que as crises pessoais e sociais trazem elementos que se orientam em direção ao crescimento, e é possível encontrar para elas boas soluções.

EIXO CENTRAL: EPIGÊNESE

Erikson emprestou da embriologia o conceito de epigênese e o utilizou como um eixo estruturante em sua teoria do desenvolvimento humano, o que implica considerar que ele é guiado por certas leis que regem as relações fundamentais das partes crescentes entre si, num ritmo adequado de ampliação das interações com indivíduos e costumes e numa sequência adequada de estágios. Ele pode ser mais bem compreendido fazendo-se uma analogia com o desenvolvimento fisiológico intrauterino, em que cada órgão tem seu momento de origem e o fator tempo é tão importante quanto o lugar de origem. O desenvolvimento anatomofisiológico normal resulta em uma relação adequada de dimensões e funções entre os órgãos do corpo. Cada um tem seu momento de predomínio, que não pode ser perdido, sob pena de um prejuízo em seu próprio desenvolvimento e no de todo o conjunto e em seu funcionamento. Há uma progressão da diferenciação de partes. Cada parte tem seu tempo decisivo e crítico, mas existe antes dele e permanece depois, relacionada às outras partes e integrando todo o conjunto.

Disso decorre o porquê de Erikson qualificar sua teoria como epigenética: "epi-" significa "sobre", e "gênese" significa "surgimento"; assim, epigênese se refere a algo que se desenvolve sobre outra coisa, no espaço e no tempo, e é um princípio subjacente a todo desenvolvimento orgânico, humano ou não. Portanto, o desenvolvimento não ocorre apenas como uma sequência de etapas, mas implica uma hierarquia.

A criança sadia e bem orientada se desenvolve a partir de experiências significativas e de acordo com leis internas, que criam uma sucessão de potencialidades para a interação significativa com as pessoas em seu redor, numa proporção e sequência adequadas. As variações determinadas pela cultura são limitadas por essas leis. Erikson atribui grande importância à continuidade da experiência, que permite relacionar as memórias e experiências de um estágio com as de todos os outros, e assim alcançar a unidade da personalidade.

PRINCÍPIOS BÁSICOS

O trabalho de Erikson é alicerçado em uma visão configuracional, holística, que transcende o analítico e deixa espaço para o que é incerto e indeterminado no quadro geral. Sua abordagem está baseada em oito princípios (Welchman, 2000):

- O indivíduo e a sociedade são complementares, e não opostos, e ambos podem contribuir tanto criativa e positivamente quanto negativa e destrutivamente para o processo de formação de identidade.
- A existência dos processos inconscientes e o valor da relação terapêutica são fundamentais.
- A abordagem multidisciplinar é essencial.

- Os pontos de vista são sempre relativos a seu contexto cultural, o que se aplica inclusive à psicanálise e à sua própria teoria.
- Só um ponto de vista eticamente comprometido pode sustentar uma contribuição positiva dos psicoterapeutas às questões públicas.
- A psicologia do desenvolvimento humano deve se basear na compreensão do funcionamento saudável, e não na patologia, por mais importante que seja o conhecimento desta última, e o funcionamento saudável envolve capacidade de brincar e de estabelecer mutualidade no relacionamento.
- Os pontos de vista psicossocial e histórico devem ser estendidos ao ciclo de vida completo, sem que se perca de vista a importância dos primeiros estágios do desenvolvimento.
- Apesar das dificuldades, é responsabilidade do psicoterapeuta relacionar suas ideias e experiência a assuntos de interesse público, como criminalidade juvenil, racismo, preconceito, conflitos internacionais, desenraizamento e alienação.

PROCESSOS BÁSICOS DE ORGANIZAÇÃO

A teoria de Erikson parte do pressuposto de que o ser humano é governado por três processos de organização que se completam e que, na verdade, são três aspectos de um mesmo processo:

- O processo somático ou biológico, que organiza os sistemas de órgãos que constituem o corpo e assegura a qualidade homeostática do organismo vivo.
- O processo psíquico ou do ego, que organiza a experiência individual e leva a um sentimento de individuação e identidade.
- O processo social ou comunal, que organiza culturalmente a interdependência entre as pessoas e leva o indivíduo a ser parte de um grupo. Para que o ser humano sobreviva, precisa ser cuidado; para se desenvolver, precisa ser cuidado de acordo com suas necessidades. A

> dimensão social do desenvolvimento da personalidade envolve uma série de acomodações mútuas entre o bebê e sua família, cuja natureza pode variar de uma cultura para outra. Os estilos e práticas educativas de cada cultura buscam transformar as crianças em adultos maduros e adaptados àquela cultura. Essa cultura impõe o que julga que é bom para a criança, e isso depende daquilo que se supõe ou se espera que ela virá a ser.

Em síntese, os processos somáticos, inerentes ao organismo, representam uma condição potencial a partir da qual se organizará a experiência individual, numa ordem preestabelecida, que diz respeito à sequência do desenvolvimento. Tudo isso, por sua vez, determinando e sendo determinado por processos sociais relativos ao contexto histórico e sociocultural no qual o indivíduo está inserido.

O estudo do comportamento humano implica necessariamente envolver-se nos três processos, embora os diferentes métodos de investigação priorizem um ou outro.

CARACTERÍSTICAS GERAIS DOS ESTÁGIOS DO DESENVOLVIMENTO

Erikson (1976) propôs sua teoria do desenvolvimento dividindo-o em oito estágios psicossociais. Posteriormente, foi acrescentado por Joan Erikson um nono estágio, configurando o que denomina O *ciclo de vida completo* (Erikson, 1998). Os quatro primeiros estágios correspondem aos estabelecidos por Freud, aos quais são acrescentadas novas dimensões.

Cada estágio de desenvolvimento tem sua zona libidinal e seu modo dominantes e, em cada um deles, a criança aprende as modalidades básicas da existência humana, em padrões pessoal e culturalmente significativos. As modalidades são formas como o ego se relaciona com o mundo, modos como o indivíduo integra suas experiências.

Os "modos dos órgãos" dominam as zonas psicossexuais do organismo como o principal vínculo entre o desenvolvimento psicossexual e o psicossocial; cada um deles representa o modo primário de funcionamento de determinada zona durante seu estágio; dominam também a interação do organismo com os outros e com o mundo, e são o foco principal dos sistemas de treinamento das crianças em qualquer cultura, além de representarem elementos centrais para a "maneira de viver" nela. Enquanto há o domínio de um modo, os outros estão presentes como auxiliares, em maior ou menor grau. Por sua vez, o modo principal domina a conduta de todas as zonas do corpo, não apenas daquela que está em evidência naquele estágio. A utilização do conceito de modalidade, em vez do conceito de instinto, acentua que o autor se refere à forma como o ego da criança se relaciona com o mundo, à maneira pela qual ele processa a experiência, e não a um instinto específico do id.

Em cada fase, o indivíduo se defronta com um problema fundamental, ou crise de desenvolvimento, no qual estão presentes forças contrárias cuja coexistência gera desafios ao ego, exigindo uma solução conjunta. Essa crise, ou conflito nuclear, é um desafio característico de cada estágio, que deve ser resolvido e que deixa sua marca no indivíduo. Há nisso uma regularidade básica (sequência epigenética); portanto, a crise de desenvolvimento subjacente é universal, mas as situações particulares se definem por condições culturais. A resolução de cada crise permite ao indivíduo passar à fase seguinte, o que ocorre quando ele está preparado biológica, psicológica e socialmente, e quando sua preparação individual coincide com a preparação social. Em cada fase, o indivíduo pode encontrar novas soluções para os problemas prévios, ao mesmo tempo em que cada aquisição anterior perdura de uma maneira ou outra nas fases posteriores.

Da resolução da crise nuclear de cada estágio se desenvolve um potencial sintônico, superando o potencial de sua antítese distônica, e emerge uma força básica simpática, ou qualidade do ego, que tem uma contraparte antipática. Ambas as forças, assim como os potenciais sintônicos e distônicos, são necessários para a adaptação. Assim, o desenvolvimento saudável implica que a resolução da crise se dê no sentido de um predomínio das forças sintônicas, equilibradas pela presença menos intensa das forças distônicas e antipáticas, em proporções adequadas para a adaptação e o crescimento. Não se espera, por exemplo, que a resolução da crise entre confiança básica e desconfiança se dê no sentido de o indivíduo se tornar totalmente confiante, uma vez que alguma desconfiança é necessária para a adaptação e autoproteção. Mas, se predominam as tendências distônicas e antipáticas, desenvolve-se uma patologia nuclear específica.

É possível observar que os escritos de Erikson são povoados de termos do cotidiano, palavras que, muitas vezes, causam estranheza quando utilizadas dentro de um contexto científico. Embora tenha admitido que isso às vezes lhe causava certo desconforto, ele preferiu essa linguagem, considerando que as palavras do cotidiano servem melhor quando se abordam os fenômenos humanos. Nem sempre esses termos são claramente definidos, mas adquirem sentido no contexto em que são utilizados, integrando a visão configuracional que caracteriza a obra do autor.

Em síntese, em cada estágio psicossocial há uma zona libidinal predominante, o domínio de um modo primário de funcionamento, uma modalidade postural e uma modalidade social e um raio social de expansão; em cada um dos estágios tem lugar:

> [...] uma ***crise nuclear***, durante a qual o desenvolvimento de um potencial ***sintônico*** específico (da ***confiança básica*** à ***integridade***) precisa superar o potencial de sua antítese ***distônica*** (da ***desconfiança básica*** ao ***desespero senil***). A resolução de cada crise resulta na emergência de uma ***força básica*** ou ***qualidade de ego*** (da ***esperança*** à s***abedoria***). Mas esta força básica simpática também tem uma contraparte antipática (do ***retraimento*** ao ***desdém***). (Erikson, 1998, p. 69, destaques da autora)

Erikson utiliza a expressão "sentimento de..." ou "sentido de..." quando se refere às forças básicas ou qualidades do ego, uma vez que o sentimento de ter ou não conseguido desenvolvê-las é o fator mais importante. Isso inclui três dimensões: a experiência consciente, um modo de conduta observável para os outros e um estado interior inconsciente.

Os sistemas de crenças de um grupo social são transmitidos na vida cotidiana por meio de ritualizações específicas para cada idade e adequadas a cada estágio, e são parte essencial do desenvolvimento. O termo "ritualização" foi cunhado por Julian Huxley (1966), em seus estudos de etologia, para designar certos "atos cerimoniais" realizados pelos animais, e é aqui utilizado para denominar "[...] certas interações informais, mas prescritas, entre pessoas, que as repetem a intervalos significativos e em contextos recorrentes" (Erikson, 1998, p. 41). São adaptativas para o indivíduo e para sua vida em grupo, estimulando e orientando o investimento instintivo de determinado estágio no processo social. Servem ao estabelecimento permanente do relacionamento objetal, e tornam-se familiares por meio da repetição. Embora ao observador externo possam parecer altamente estereotipadas, guardam características absolutamente individuais, como se poderia observar na maneira como cada mãe alimenta ou limpa seu bebê. Às ritualizações de cada estágio correspondem rituais sociais representativos de algumas das instituições mais importantes na estrutura das sociedades.

Sempre que a transmissão dos sistemas de crenças perde sua interconexão viável com o ego, porém, as ritualizações podem se transformar em ritualismos sociais embotadores, que são "[...] padrões de comportamento semelhantes a rituais, marcados pela repetição estereotipada e por fingimentos ilusórios que obliteram o valor integrativo da organização comunal" (Erikson, 1998, p. 43). Eles têm uma afinidade dinâmica com as perturbações nucleares individuais em razão de suas raízes conjuntas no decorrer do desenvolvimento.

Vamos, a seguir, resumir os aspectos principais de cada um dos estágios do desenvolvimento, segundo a visão de Erikson. Essa não é uma tarefa fácil, dada a riqueza e complexidade do assunto e a visão eriksoniana do desenvolvimento como um processo orgânico e integrado, que se completa como um ciclo. Tentaremos, então, apresentar os elementos que nos parecem mais relevantes, em vista de nossos objetivos. Também em função disso, daremos ênfase aos quatro primeiros estágios, uma vez que pretendemos utilizar a teoria de Erikson como referencial para a análise de casos de crianças. Os outros quatro, além do nono estágio, introduzido por Joan Erikson (Erikson, 1998), serão mencionados rapidamente, apenas para que não se perca de vista a ideia do desenvolvimento como um todo integrado.

O CICLO DE VIDA: ESTÁGIOS DO DESENVOLVIMENTO

O PRIMEIRO PERÍODO: ESTÁGIO ORAL RESPIRATÓRIO OU SENSÓRIO-CINESTÉSICO

"Eu sou a esperança que tiver e der."
(Erikson, 1987, p. 115)

O estágio oral ou sensório-cinestésico, que transcorre no início da vida, é dominado por dois modos de incorporação. O primeiro deles se relaciona a receber e aceitar o que é dado e possibilita à criança aprender a fazer que alguém dê o que ela necessita, além de criar condições para que, no futuro, ela também seja capaz de dar. O bebê, nessa fase, tem disposição para incorporar, é receptivo ao que lhe é oferecido, mas precisa receber estímulos na intensidade e no tempo adequados, para que sua disposição não se transforme em defesa difusa ou em retraimento. Por sua desproteção e dependência, precisa, de início, que suas necessidades sejam prontamente atendidas; se isso ocorrer com regularidade e consistência, ele armazenará imagens, memórias e expectativas que o levarão a aprender a confiar nas pessoas.

A primeira modalidade social que se aprende, nesse estágio, é obter. Ela só pode ser atingida se houver uma regulação mútua entre a mãe e o bebê, que permita a ele desenvolver e coordenar seus meios para obter, ao mesmo tempo que a mãe desenvolve e coordena seus meios de dar. Se essa regulação não for possível, surgirão tentativas de controlar por compulsão ou pela fantasia.

O raio de relações significativas, nessa etapa, se restringe à mãe, ou a quem exerce essa função. O amor e o prazer da dependência são transmitidos à criança pelo peito da mãe, por seu modo de falar, seu calor e seu sorriso. Por outro lado, a qualidade da atenção materna depende, até certo ponto, do apoio que a mãe recebe de outros adultos, geralmente do esposo, da família, do reconhecimento por parte da sociedade e do modo pelo qual a cultura garante a continuação dos valores sociais. Para que a verdadeira mutualidade entre a mãe e o bebê se estabeleça, é preciso que a mãe combine "[...] a assistência sensível às necessidades individuais do bebê e um firme sentimento de idoneidade pessoal, dentro da estrutura digna de crédito do estilo de vida da comunidade à qual pertencem" (1987, p. 103-104). Além disso, logo no início da vida, o bebê se defronta com as principais características de sua cultura, uma vez que elas determinam o que se considera viável e necessário para ele, a partir do que se espera que ele será no futuro; determinam, assim, as práticas de criação infantil. Um bebê será, por exemplo, enfaixado ou deixado solto para se movimentar, será isolado no silêncio e na obscuridade ou submetido a um número maior de estímulos, será atendido prontamente ou terá que chorar muito para ser atendido, dependendo de uma combinação das características e do estilo pessoal de sua mãe com as práticas de criação infantil determinadas pelas expectativas e pelos valores de sua cultura.

O segundo modo característico da etapa oral é ativo-incorporativo, e se relaciona à erupção dos dentes e à necessidade de morder. Na medida em que esse modo, como ocorre com todos os modos na fase em que são dominantes, rege a conduta de outras zonas do corpo, relaciona-se também com agarrar, olhar com firmeza, discernir sons.

Nessa segunda etapa do estágio oral há a coincidência de três aspectos: um impulso mais "violento" para incorporar, apoderar-se e observar, uma crescente consciência da criança sobre si mesma como pessoa distinta, e um gradual afastamento da mãe para outros afazeres. Há uma capacidade de se aproximar de forma mais ativa e direta, e a modalidade social característica é tomar e agarrar-se às coisas.

É uma etapa de mudanças traumáticas e de perdas mais ou menos intensas, com a erupção dos dentes, o desmame e as separações da mãe, o que faz com que a criança vivencie sentimentos intensos de dor e raiva. É preciso que a confiança básica tenha sido bem estabelecida na etapa anterior e possa ser mantida, para se sobrepor ao resíduo de desconfiança básica resultante dessas experiências. Mesmo que seja assim, no entanto, a partir daí restará sempre no indivíduo um resíduo de um sentimento de maldade e uma nostalgia pelo paraíso perdido.

Nas etapas orais criam-se as fontes dos sentimentos básicos de confiança e de desconfiança. A confiança básica é a segurança íntima na conduta dos outros, assim como um sentimento fundamental de ser confiável, que surge a partir das experiências do primeiro ano de vida, da correspondência entre as próprias necessidades e o que o mundo oferece. Para se desenvolver, exige uma sensação de comodidade física e uma experiência mínima de temor à incerteza. A criança pequena deve também aprender a desconfiar, e a confiar em sua própria desconfiança. Do conflito entre os sentimentos de confiança e de desconfiança, que representa a crise central desse período, emergirá a esperança, que mantém aberta a possibilidade do futuro, ou o sentimento de condenação, que restringe as possibilidades, tanto em termos cognitivos quanto emocionais. Lembrando o que demonstrou Spitz (2004), Erikson afirma que não se pode viver sem esperança; ela é o ingrediente básico de todos os interesses humanos. A patologia nuclear que se pode desenvolver nessa fase é o retraimento e a alienação psicótica, resultado da deterioração radical da confiança básica e do predomínio da desconfiança.

Em relação à modalidade postural, Erikson leva em conta o significado psicossocial dos aspectos sensorial, muscular e locomotor. O bebê, em pronação, começa a estabelecer o encontro do olhar, um diálogo essencial para o desenvolvimento psíquico. Esse encontro resultará na constante procura, no decorrer da vida, por alguém para admirar e na procura pela confirmação da admiração do outro.

As ritualizações características são do tipo numinoso, relacionadas à aura de uma presença santificada, e têm conexões, na ordem social, com a religião, a arte e as ideologias. Estão ligadas às vivências de dependência de provedores poderosos, características dessa fase, e, muitas vezes, à necessidade de encontrar uma confirmação institucional para a esperança ou para a fé. O ritualismo correspondente leva ao idolismo, uma forma de idolatria patológica.

A INFÂNCIA INICIAL: ESTÁGIO ANAL-URETRAL OU MUSCULAR

"Eu sou o que posso querer livremente."
(Erikson, 1987, p. 115)

Mais ou menos por volta da metade do segundo ano de vida, inicia-se um rápido avanço na maturação muscular, na capacidade de verbalização e de discriminação, e começa a se instalar a primazia da região anal como zona libidinal, levando ao predomínio de dois modos conflitantes de aproximação – a eliminação e a retenção – e às modalidades sociais de soltar e agarrar. O agarrar relaciona-se a reter e restringir de forma destrutiva e cruel, mas também a ser capaz de ter e sustentar. O soltar refere-se à liberação hostil de forças destrutivas, mas também a um tranquilo "deixar passar", "deixar estar". A importância dada à analidade propriamente dita varia muito de acordo com o meio cultural. O que Erikson considera mais importante é que a zona anal se presta muito, por suas características, à expressão de impulsos conflitantes, e serve como modelo da coexistência de dois modos contraditórios e alternantes.

Com a melhor coordenação da motilidade, é cada vez mais difícil para a criança permanecer em um espaço restrito; ela quer explorar o mundo e fazer coisas novas. Começa a descobrir que a conduta que desenvolve é sua, a afirmar sua autonomia e sua vontade; mas, ao mesmo tempo, sua dependência traz dúvidas sobre sua capacidade e sua liberdade para afirmar sua autonomia. A dúvida se acentua pelo temor de ultrapassar os próprios limites ou os do ambiente. Daí a importância da frustração de seu poder, para que essa experiência seja incorporada como parte de sua vida, e não seja vivida como ameaça à sua existência; é importante que a criança compreenda que um ataque à sua autonomia não a reduz à completa impotência.

É a época mais difícil para a regulação mútua entre a criança e os pais, aos quais se expande o raio de relações significativas. Se o controle externo é muito rígido ou prematuro, a criança será forçada a uma regressão, ou a uma pseudoprogressão, para procurar satisfação e controle, e fingirá autonomia e capacidade de dispensar ajuda.

Como nessa etapa ela tende a se expandir agressivamente, a agir de acordo com a própria vontade e a querer fazer tudo sozinha, tem que trair a confiança mútua estabelecida anteriormente com a mãe, para afirmar sua autonomia. Daí a importância da confiança já desenvolvida e da capacidade dos pais para conceder independência gradualmente, permitindo seu desenvolvimento e, ao mesmo tempo, impondo limites com firmeza. Segundo Erikson, "[...] a espécie e grau de um sentido de autonomia que os pais estejam aptos a conceder aos seus filhos pequenos dependem da dignidade e sentido de independência pessoal que eles derivam de suas próprias vidas" (1987, p. 114).

Em relação à modalidade postural, a criança pode ficar em pé e assim encarar o que está na frente e adiante, além de diversas outras possibilidades (à frente, atrás, acima, abaixo) e suas combinações. Emerge o sentimento de vergonha, não só por estar exposto de frente, mas também a partir da consciência de ter costas.

O conflito nuclear desse estágio é o de autonomia *versus* vergonha e dúvida. A autonomia e o orgulho surgem do sentimento de bondade interior e seu desenvolvimento pressupõe que a confiança inicial tenha sido firmemente estabelecida, ao passo que a vergonha e a dúvida são frutos do sentimento de maldade. Quando excessivas, podem resultar numa tentativa de levar a melhor às escondidas, ou na indiferença em relação à opinião dos outros (falta de vergonha). Quando é possível equilibrar as tendências da impulsividade obstinada e da compulsividade submissa, emerge a força básica dessa fase, a vontade, que é condição para a livre escolha e o autocontrole. Na personalidade normal, certa impulsividade torna a expressão mais espontânea, e certa compulsividade é útil quando há necessidade de ordem, pontualidade e limpeza. No entanto, quando predominam sobre suas contrapartes, a compulsão e a impulsividade paralisam a vontade e resultam em um sentimento de inferioridade ou em uma patologia compulsiva, ritualista, numa autonomia desafiadora ou em dúvida compulsiva.

Nesta etapa o jogo assume grande importância, uma vez que é um refúgio seguro, que ajuda a criança a dominar a dúvida e a vergonha, e a desenvolver a autonomia dentro de seu próprio conjunto de limites e regras. Além disso, essa é uma fase rica em experiências, em diferentes áreas, fruto das tentativas de encontrar seus próprios limites, o que possibilita aprender e lidar com situações diversas e se relacionar de forma diferente com diversas pessoas.

As ritualizações características desse período, denominadas judiciosas, transmitem princípios de bom e mau, certo e errado, meu e seu, lícito e transgressor, relacionados às instituições sociais de lei e ordem, que definem a liberdade de cada indivíduo. Seu embotamento em ritualismos leva ao legalismo.

A IDADE DO BRINCAR: ESTÁGIO INFANTIL-GENITAL OU LOCOMOTOR

"Eu sou o que posso imaginar que serei."
(Erikson, 1987, p. 122)

O terceiro estágio, infantil-genital ou locomotor, possibilita a expansão das relações significativas à família básica. Inicia-se por volta do final do terceiro ano de vida, quando a criança pode caminhar de forma independente e vigorosa, correr, brincar e utilizar melhor a linguagem. Começa também a compreender seu papel, a conviver mais intensamente com crianças da sua idade, a perceber as diferenças entre os sexos e as idades e a ampliar significativamente o uso da imaginação. Começa a vislumbrar objetivos, investiga e elabora fantasias sobre a pessoa ativa que deseja chegar a ser e, consciente e inconscientemente, põe à prova seus poderes, conhecimento e qualidades. Começa a pensar em ser grande e a se identificar com os adultos.

Esse estágio é dominado pelos modos intrusivo e inclusivo. O modo intrusivo, que tem a ver com a intrusão no espaço pela locomoção vigorosa, dirige-se também a outros corpos (agressão), ouvidos e mentes (sons agressivos) e ao desconhecido (curiosidade). O caminhar traz diferentes possibilidades: ir longe, ir longe demais, ir de um lado para o outro, ir em direção a um objetivo e a um futuro. O modo inclusivo se expressa na receptividade e na prontidão para relações ternas e protetoras. Esse estágio é dominado por uma combinação desses dois modos em ambos os sexos, uma vez que a disposição ainda é, em parte, bissexual; mas, dependendo das características culturais, o modo intrusivo pode ser mais incentivado no menino, ao passo que da menina se espera mais a utilização do modo inclusivo. A diferenciação completa entre intrusão masculina e inclusão feminina ocorrerá na puberdade.

A modalidade social é o ganhar, no sentido de visar sem limites a algum lucro ou benefício. Pode manifestar-se de modo fálico-intrusivo ou por meio da ridicularização e provocação, ou da tentativa de se tornar atraente e cativante.

O conflito característico é o da iniciativa *versus* culpa, do qual emerge a força básica do propósito ou a inibição patológica. O ciúme e a rivalidade como tentativas de delimitação de uma esfera de privilégios atingem seu ápice, na luta pela autonomia. Essa luta, que está fadada ao necessário fracasso, traz culpa e ansiedade.

O elemento básico da ritualização é a forma infantil do dramático, o brincar, que corresponde, nas instituições sociais, ao teatro e ao cinema, ou a outros locais em que aconteçam eventos dramáticos. O ritualismo correspondente é o moralismo, ou seja, a "[...] supressão moralista e inibidora da iniciativa divertida, na ausência de maneiras criativamente ritualizadas de canalizar a culpa" (Erikson, 1998, p. 45).

A genitalidade infantil recai sobre os protetores ideais da infância, o que traz grandes complicações para a criança, nesse período. O papel dos pais é, também aqui, de grande importância. Eles podem sobrecarregar a criança com sentimentos de culpa e sufocar sua iniciativa emergente, ou ajudá-la a canalizar suas energias de forma construtiva. Para isso, precisam controlar as tentativas da criança de desafiá-los diretamente, mas indicar o que ela pode fazer e lhe oferecer perspectivas de futuro. A possibilidade de aspirar objetivos diminui um pouco a dor e a frustração características dessa etapa, e mantém vivas as bases da ambição adulta, que move a sociedade. A percepção de que as ações servem a um propósito possibilita canalizar a energia e ajuda a criar a ideia de um sentido da vida.

Para Erikson (1998), além disso, é importante observar que o apogeu do complexo de Édipo, nessa fase, ocorre justamente quando não há qualquer possibilidade física da realização dos desejos nele envolvidos, ao passo que a imaginação lúdica está em pleno florescimento.

As implicações edípicas dessa fase limitam muito a iniciativa no relacionamento com os pais, e o brincar assume grande importância, porque liberta para a dramatização e para as identificações e atividades imaginadas. O jogo não surge nem é importante apenas nessa fase, mas nela adquire relevância especial. Ele se constitui como meio de expressão mais adequado para o ego infantil e tem papel fundamental no desenvolvimento da criança. Permite a ela repetir, dominar ou negar suas experiências e assim organizar seu mundo interior, em relação com o exterior. Permite uma espécie de autoensinamento e autocura, uma vez que compensa derrotas, sofrimentos e frustrações, e compensa o uso limitado da linguagem. Permite que a criança, mesmo mantendo a noção de realidade, liberte-se dos limites impostos pelo tempo, pelo espaço e pela própria realidade e experimente novas funções e novos papéis.

Nesse período, a criança precisa que existam outras pessoas significativas em sua vida para poder experimentar diferentes alternativas de conduta.

A IDADE ESCOLAR: ESTÁGIO DE LATÊNCIA

"Eu sou o que posso aprender para realizar trabalho."
(Erikson, 1987, p. 128)

Nesse período, a criança, tendo compreendido que não pode ocupar um lugar em igualdade de condições com os adultos, precisa encontrar um lugar entre os de sua idade. É a fase em que é submetida à escolarização e aprende os rudimentos de uma situação de trabalho, tanto em termos técnicos quanto sociais. Ela tem, nesse período, melhores condições para uma aprendizagem mais organizada, para ter disciplina e assumir obrigações e para planejar e realizar tarefas em conjunto com outras crianças; interessa-se mais por um maior número de adultos, a quem quer observar e imitar. Guardadas as características de cada meio cultural, de forma mais ou menos formal e organizada, ela aprende a manejar os instrumentos e símbolos de sua cultura, o que é condição para se tornar uma pessoa competente.

É o período no qual as relações se expandem para a vizinhança e a escola; a criança aprende a amar o aprender e o brincar, as técnicas que estão de acordo com a produção, o mundo instrumental e as regras de cooperação e planejamento.

A criança superou, pelo menos provisoriamente, a luta edípica pelo poder, e suas relações com os pais se tornam mais realistas, inclusive em relação à dependência, que permanece apenas nas áreas em que ainda é necessária. Os pais são comparados a outras pessoas, e os modelos de identificação se ampliam.

Freud chamou esse o período de latência, mas Erikson ressalta que só o que fica latente são os impulsos sexuais, pois há grande investimento de energia na aquisição de conhecimento e na capacidade de se relacionar e de se comunicar, principalmente por meio da competição com os pares, que servem como parâmetro e como novos modelos de identificação. A criança precisa se comparar para medir seu valor e suas capacidades, e tenta sempre ser a melhor e evitar o fracasso.

A crise psicossocial se configura entre a diligência e a inferioridade. A diligência vem da necessidade de conseguir reconhecimento pela capacidade de produzir coisas, investindo seus impulsos em empreendimentos concretos e metas socialmente aprovadas. É "[...] um senso básico de atividade competente adaptada tanto às leis do mundo instrumental quanto às regras de cooperação em procedimentos planejados e esquematizados" (Erikson, 1998, p. 65). O sentimento de inferioridade surge da percepção de que ainda é uma pessoa incompleta e das dificuldades para realizar o que pretende. Ele é necessário como regulador da força básica da competência, que emerge desse conflito. No entanto, se o sentimento de inferioridade for intensificado e prevalecer, pode levar à inércia patológica – a patologia típica resultante dessa fase, que paralisa a vida produtiva do indivíduo –, à competição exagerada ou à regressão. Isso pode ocorrer como resultado de uma resolução insatisfatória do conflito precedente, que traz tendências regressivas ou sentimentos de culpa exacerbados; de uma preparação inadequada pela família para que a criança enfrente os desafios dessa etapa; de exigências inadequadas ou incompatíveis, por exemplo, no meio escolar; ou de um contexto social que avalia a criança com base em preconceitos de qualquer tipo.

Socialmente, essa é uma fase muito importante, porque é quando se desenvolve um sentido de divisão de trabalho, de diferentes oportunidades, e se constroem as bases para a participação na vida adulta produtiva. Os riscos, além do predomínio do sentimento de inferioridade, são o desenvolvimento de uma postura subalterna ou auxiliar, a não aquisição de um gosto pelo trabalho e a supervalorização do trabalho em detrimento da diversão e da imaginação.

As ritualizações dessa etapa são de tipo formal ou técnico, introduzindo princípios de ordem tecnológica, e, quando não adequadas, levam ao formalismo.

A ADOLESCÊNCIA

A questão da identidade é central na teoria de Erikson, provavelmente não só porque é central no processo de desenvolvimento humano, mas também porque representou uma batalha muito importante na vida pessoal do autor, e por se configurar em uma questão social extremamente relevante no momento histórico de construção da teoria. "O sentimento de identidade do ego [...] é a segurança acumulada de que a coerência e a continuidade interiores elaboradas no passado equivalem à coerência e à continuidade do próprio significado para os demais [...]" (Erikson, 1976, p. 241).

No adolescente, o rápido crescimento corporal, as mudanças anatômicas e emocionais e o despertar dos impulsos sexuais reeditam a dúvida inicial sobre a confiabilidade dos adultos e de si mesmo, inclusive em relação a seu próprio corpo e ao domínio das funções, só que agora em outros termos e em nível mais consciente. Para recuperar a confiança, ele precisa reavaliar a si mesmo e realizar uma síntese de toda a infância (que agora deve ficar para trás), integrar as identificações anteriores e assumir uma nova posição na sociedade. Em virtude disso, a sociedade lhe oferece uma espécie de "moratória psicossocial", uma postergação da entrada na vida adulta, socialmente autorizada, como um recurso de segurança psicológica, que permite experimentar papéis, inclusive sexuais, antes de assumir compromissos mais permanentes. Os pais perdem aqui seu papel de apoio essencial e de parâmetros de valores, e são substituídos pelos grupos de iguais.

A crise característica dessa fase, de identidade *versus* confusão de identidade, que incorpora elementos de todas as crises anteriores e antecipa as das fases vindouras, só pode ser bem resolvida se o adolescente fizer uma escolha compatível consigo mesmo e com as oportunidades que a sociedade oferece. Para isso, concorrem a confirmação ou repúdio seletivo de suas identificações infantis e a maneira como é reconhecido pelo meio social de sua época, e a integração de todas as identificações e autoimagens anteriores, tanto positivas quanto negativas.

A força básica que emerge nessa etapa é a fidelidade, a lealdade a um código de ética grupal, que mantém estreita relação com a confiança infantil, mas tende a ter mediações ideológicas. Implica conseguir, em meio a todos os conflitos que perpassam essa etapa, "[...] salvaguardar algo genuíno, que garantirá seu próprio sentido de individualidade e singularidade" (Gallatin, 1978, p. 221). Sua contraparte antipática é o repúdio de papel, que pode aparecer na forma de difidência ou de desafio sistemático, uma preferência perversa pela identidade negativa.

As ritualizações são do tipo ideológico, numa busca de confirmação, em que se fundem ritos espontâneos e formais, a partir das quais se criam desde convenções de pequenos grupos até participações em grandes eventos esportivos, musicais, religiosos e políticos. O ritualismo correspondente é o totalismo, uma participação fanática em militâncias marcadas por imagens totalitárias do mundo.

A IDADE ADULTA JOVEM

"Nós somos o que amamos."
(Erikson, 1987, p. 138)

Nessa etapa, o indivíduo pode participar integralmente da comunidade e usufruir a vida com liberdade e responsabilidade adultas. É a fase de se dedicar ao estudo e ao trabalho, na construção de uma carreira, e de eleger um companheiro para uma relação íntima e prolongada. O conflito característico se dá entre intimidade e isolamento. Intimidade, que é ao mesmo tempo um contraponto e uma fusão de identidades, exige segurança da própria identidade e capacidade de se comprometer com associações concretas, que podem exigir sacrifícios e compromissos; permite desenvolver relações íntimas de amizade, amor, sexo e intimidade consigo mesmo. Sua contraparte, o isolamento, levará à procura de relações interpessoais estereotipadas, pela incapacidade de correr riscos para a própria identidade ao compartilhar sua verdadeira intimidade com outrem.

Da resolução do conflito entre essas duas tendências emerge o amor, a capacidade para a mutualidade de dedicação madura. Sua contraforça é a exclusividade. As ritualizações são associativas e possibilitam estilos e padrões de vida compartilhados, solidariedade e cooperação. O ritualismo é o elitismo, que cultiva o esnobismo de grupos fechados.

A IDADE ADULTA

Eu sou o que posso gerar e cuidar.

É a etapa em que se inicia um novo ciclo de desenvolvimento e uma nova geração, e que inclui a preparação de um lar. O potencial sintônico é a generatividade, uma preocupação em estabelecer e orientar a geração seguinte, no sentido mais amplo, que se pode aplicar aos próprios filhos ou a outras formas de interesse e criatividade altruísticos. Implica uma expansão dos interesses do ego e um investimento no que está sendo gerado, e inclui procriatividade, produtividade e criatividade; inclui também a responsabilidade, como genitor, pelos esforços de sua sociedade com o cuidado e a educação infantil, o desenvolvimento da ciência e das artes e a transmissão das tradições e da cultura. Implica aceitar a responsabilidade pela nova geração e contribuir para lhe assegurar as condições necessárias a seu desenvolvimento. A generatividade é uma força propulsora da organização humana, reforçada por todas as instituições sociais. Sua contrapartida é a estagnação, autoabsorção, tédio, depauperamento interpessoal, que faz com que o indivíduo se preocupe apenas consigo mesmo, como se fosse seu único filho (tenha filhos ou não).

A força básica que emerge desse conflito é o cuidado, um compromisso de cuidar das pessoas, dos produtos e das ideias considerados importantes, a capacidade de se encarregar de algo ou de alguém. A capacidade de amor e de intimidade adquirida na fase anterior pode levar a uma expansão de interesses e a um investimento no que está sendo gerado e cuidado junto. A tendência antipática correspondente é a rejeição, o não se importar em cuidar, a relutância em incluir pessoas ou grupos específicos na própria esfera de preocupação. A ritualização é generativa, e inclui ritualizações parentais, didáticas, produtivas e curativas e autoridade verdadeira. O ritualismo correspondente é o autoritarismo, o uso não generoso e não generativo do poder.

As capacidades desenvolvidas nessa fase são essenciais para o desenvolvimento saudável das novas gerações.

A VELHICE

"Eu sou o que sobrevive em mim."
(Erikson, 1987, p. 141)

A crise dominante é a de integridade *versus* desespero. O indivíduo que amadureceu, gerou pessoas, coisas e ideias e zelou por elas, adaptou-se às vitórias e aos fracassos e desapontamentos pode chegar à integridade, o que implica a aceitação de seu próprio ciclo vital como insubstituível e como fruto de sua própria responsabilidade. O oposto é a repulsa ou o desespero, a não aceitação da própria sorte e da morte, o sentimento de que o tempo é curto, muitas vezes escondido por uma atitude de desdém por instituições e pessoas que, no fundo, esconde um desdém por si mesmo. A força que emerge é a sabedoria, o saber acumulado, o julgamento maduro e a compreensão abrangente.

A ritualização correspondente a essa fase é filosófica, que mantém certa ordem e significado na desintegração do corpo e da mente. Sua contraparte é o dogmatismo, uma pseudointegridade compulsiva.

O NONO ESTÁGIO

Em 1982, foi publicado *O ciclo de vida completo* e, em 1997, sua versão ampliada, incluindo capítulos de Joan Erikson sobre o que ela considerava o nono estágio do desenvolvimento. Aí ela expõe suas experiências e conclui que, apesar da relatividade do tempo, a velhice, depois dos oitenta ou noventa anos, traz novas exigências, dificuldades e reavaliações, de tal forma que considera que se justifica a inclusão de um novo estágio, caracterizado pelo enfraquecimento corporal e pela perda das capacidades físicas, da autonomia e da independência, o que enfraquece a autoestima e a confiança. As preocupações tendem a se voltar para o funcionamento cotidiano, e há muita tristeza, fruto das muitas perdas e da percepção da iminência da morte. Joan Erikson faz uma série de críticas à forma como nossa sociedade tem tratado a velhice e uma série de sugestões sobre o que seria necessário para garantir condições adequadas aos idosos.

Parece-nos que ela tentou transmitir sua experiência pessoal sobre essa fase da vida, mas que não chegou efetivamente a organizar uma estrutura para um nono estágio dentro das características que Erik Erikson elaborou para os estágios anteriores.

O Quadro 2, a seguir, oferece uma visão geral das principais características dos estágios do desenvolvimento. De acordo com Erikson (1998), as extensões da teoria da libido às fases da idade adulta e da velhice requerem mais discussão; por isso, são colocadas no gráfico entre parênteses e consideradas como sugestões.

QUADRO 2 AS OITO IDADES DO HOMEM, SEGUNDO ERIK ERIKSON (1998, P. 32-33)

Estágios	A Estágios e modos psicossexuais	B Crises psicossociais	C Raio de relações significativas	D Forças básicas	E Patologia central – antipatias básicas	F Princípios relacionados de ordem social	G Ritualizações de união	H Ritualismo
I Período	Oral-respiratório, sensório-cinestésico (modos incorporativos)	Confiança básica vs. desconfiança básica	Pessoa maternal	Esperança	Retraimento	Ordem cósmica	Numinosas	Idolismo
II Infância inicial	Anal-uretral, muscular (retentivo-eliminatório)	Autonomia vs. vergonha, dúvida	Pessoas parentais	Vontade	Compulsão	"Lei e ordem"	Judiciosas	Legalismo
III Idade do brincar	Infantil-genital, locomotor (intrusivo, inclusivo)	Iniciativa vs. culpa	Família básica	Propósito	Inibição	Protótipos ideais	Dramáticas	Moralismo
IV Idade escolar	"Latência"	Diligência vs. inferioridade	"Vizinhança", escola	Competência	Inércia	Ordem tecnológica	Formais (técnicas)	Formalismo
V Adolescência	Puberdade	Identidade vs. confusão de identidade	Grupo de iguais e outros grupos, modelos de liderança	Fidelidade	Repúdio	Visão de mundo ideológica	Ideológicas	Totalismo
VI Idade adulta jovem	Genitalidade	Intimidade vs. isolamento	Parceiros de amizade, sexo, competição, cooperação	Amor	Exclusividade	Padrões de cooperação e competição	Associativas	Elitismo
VII Idade adulta	(Procriatividade)	Generatividade vs. estagnação	Trabalho dividido e família e lar compartilhado	Cuidado	Rejeição	Correntes de educação e tradição	Geracionais	Autoritarismo
VIII Velhice	(Generalização de modos sensuais)	Integridade vs. desespero	"Gênero humano", "meu gênero"	Sabedoria	Desdém	Sabedoria	Filosóficas	Dogmatismo

A PSICOTERAPIA BREVE INFANTIL E O REFERENCIAL DO DESENVOLVIMENTO

Neste capítulo pretendemos discutir as possibilidades de articular os conhecimentos que embasam a psicoterapia breve infantil, de abordagem psicodinâmica, com as contribuições da teoria do desenvolvimento de Erik Erikson para a construção de parâmetros que auxiliem na organização do raciocínio clínico e permitam a delimitação de foco e objetivos terapêuticos adaptados a cada caso em particular.

Para adaptar a proposta psicoterápica às necessidades e possibilidades de cada caso, é necessário, a partir da compreensão diagnóstica, estabelecer foco e objetivos compatíveis. Isso implica iniciar o atendimento com uma investigação clínica que permita selecionar áreas conflitivas específicas a serem trabalhadas, que sejam tão centrais quanto possível, desde que permeáveis à mudança num espaço restrito de tempo, e estabelecer objetivos exequíveis nas condições reais em que se realizará o atendimento. Nessa tarefa, os conhecimentos sobre o desenvolvimento podem ser especialmente úteis, uma vez que permitem saber que desafios o processo de desenvolvimento engendra em cada fase e quais os conflitos típicos de cada etapa, e usar esses conhecimentos para a compreensão de cada caso particular. Assim, o conhecimento das fases do desenvolvimento e de suas características oferece um referencial importante para a interpretação do material clínico, para sua organização e compreensão. Permite comparar o processo individual de cada criança com os referenciais gerais, para compreender suas características e necessidades, e ter um prognóstico sobre seu desenvolvimento futuro.

De acordo com Erikson (1994), cada estágio do desenvolvimento implica um modo de processar e integrar as experiências e um modo de o ego se relacionar com o mundo. Assim, diante de determinado caso, podemos identificar, no material clínico, a que estágio corresponde o modo principal de funcionamento. Os outros modos estarão presentes, mas de forma secundária. Identificar o modo principal de funcionamento permite localizar melhor os conflitos, as necessidades e as características gerais da criança e, ainda, em vista do tipo de funcionamento, contar com parâmetros para selecionar os tipos mais adequados de intervenção.

A identificação da fase do desenvolvimento que corresponde à modalidade principal de funcionamento da criança independe de sua idade, mas, na avaliação sobre o quanto o desenvolvimento está transcorrendo de forma saudável, essa relação é fundamental. Quanto maior a distância entre o tipo de funcionamento da criança e o esperado para sua faixa etária, mais importante é o prejuízo em seu desenvolvimento.

Além disso, sabe-se que o desenvolvimento ocorre em um contexto relacional, e o adulto que participa do crescimento de uma criança se defronta novamente com as tarefas de seu próprio desenvolvimento e as revive, o que interfere diretamente na relação que estabelece com a criança em cada fase. Interfere, também, na forma como pode ou não ajudá-la a elaborar suas crises desenvolvimentais e em como pode, ele próprio, reelaborar seus conflitos ou os descarregar sobre a criança, que terá então que arcar com essa dupla carga.

Portanto, compreender o desenvolvimento de uma criança em particular significa necessariamente entender os padrões relacionais de seu ambiente, o tipo de regulação mútua que se estabeleceu entre a criança e seus cuidadores, e que é resultado da combinação única das características dessa criança, desses adultos e do que os cerca no decorrer do processo. Essa relação é, ao mesmo tempo, um elemento estruturante da subjetividade de cada um deles, em especial da criança, por sua condição de maior dependência e menor organização.

Podemos identificar semelhanças importantes na visão de alguns dos autores que estamos considerando: entendemos que a "regulação mútua" apontada por Erikson (1976) tem uma relação direta com a "mutualidade psíquica", conceito criado por Cramer (1974). A "mutualidade psíquica" se define como uma área de funcionamento comum entre pais e criança, fruto das identificações e projeções mútuas. Quando ela serve à compreensão empática e a uma maior sintonia que permita atender às necessidades, permite uma "regulação mútua" adequada. Muitas vezes, no entanto, estabelece-se uma "área de conflito mútuo", quando os pais revivem, nas relações atuais com o filho, seus próprios conflitos mal elaborados, referentes à etapa de desenvolvimento em que a criança se encontra. Os conflitos da criança mobilizam os conflitos correspondentes dos pais que não foram bem resolvidos, gerando neles elevada ansiedade. Nessas circunstâncias, em vez de ajudar a criança, eles a sobrecarregam com suas projeções. A intensidade das projeções que os pais fazem sobre a criança interfere diretamente na "regulação mútua" entre eles, e tem a ver com a possibilidade que os pais têm de permitir ou não que a criança se desenvolva no sentido da independência, ou se precisam que ela permaneça dependente para satisfazer suas próprias necessidades.

Na análise de casos de crianças, portanto, dentro da concepção que adotamos, é preciso compreender, principalmente:

- o funcionamento psíquico da criança e seu processo de desenvolvimento, levando-se em conta sua adaptação às demandas das diferentes fases evolutivas;
- o funcionamento psíquico dos pais;
- as características da relação que se estabelece entre os pais e a criança, e como ela se articula com as dificuldades da criança.

Esses três aspectos são interdependentes. Sua divisão aqui é apenas para organização didática. Na prática, a análise poderia começar por qualquer um deles, para ir necessariamente incluindo os outros. Assim, de acordo com o caso, pode-se iniciar pelo que parece mais claro e que fornece um melhor ponto de partida.

Nossa sugestão é a de se iniciar a análise do material a partir de como o caso se apresenta: identificar, com base na queixa e nos primeiros contatos com os pais e com a criança, que tipos de conflitos e características centrais aparecem; identificar com qual etapa do desenvolvimento eles se relacionam; em seguida, incluir a compreensão dos modos secundários de funcionamento e de características relacionadas a outras etapas do desenvolvimento. Dessa maneira é possível partir, já de princípio, das características peculiares de cada caso e acolher o que de início é trazido pelos pais e pela criança. Além disso, é importante que se utilizem as primeiras impressões suscitadas pelo contato e as primeiras manifestações transferenciais para, rapidamente, formular as primeiras hipóteses diagnósticas.

Iniciamos, então, pela queixa trazida pelos pais, buscando de início compreendê-la em suas principais características: descrição detalhada, histórico, frequência, fatores desencadeantes, reações do ambiente, remissões e outros aspectos relevantes. No decorrer da pesquisa diagnóstica, procura-se conhecer as características dos conflitos ou situações-problema apresentados, as modalidades de funcionamento da criança (principal e secundárias) e dos pais, a configuração da relação entre eles. Todos esses aspectos auxiliarão, também, na compreensão da queixa e de seu significado.

Vamos, a seguir, reexaminar cada uma das quatro fases do desenvolvimento que, de acordo com a proposta de Erikson, compõem o período da infância, e sugerir aspectos importantes a serem observados e levados em conta na avaliação diagnóstica dos casos clínicos.

AS FASES DA INFÂNCIA: ASPECTOS RELEVANTES PARA O DIAGNÓSTICO PSICOLÓGICO

PRIMEIRO ESTÁGIO: O BEBÊ

No primeiro estágio, o conflito central entre confiança básica e desconfiança estabelece as bases para o equilíbrio entre dependência e independência, que será um aspecto regulador das relações interpessoais do indivíduo por toda sua vida, e tem ligação estreita com os padrões de relacionamento e cuidado materno que experimentou no início da vida. Portanto, uma avaliação dos padrões de dependência de um indivíduo implica uma avaliação das modalidades do cuidado materno que ele recebeu.

A avaliação do grau de equilíbrio entre dependência e independência deve, obrigatoriamente, levar em conta a fase de desenvolvimento em que se encontra o indivíduo, uma vez que se espera que esse equilíbrio vá paulatinamente se modificando no decorrer da vida, em especial durante a infância e a adolescência.

A análise dos aspectos centrais relacionados à primeira etapa do desenvolvimento, feita a partir dos dados da história da criança, do material clínico (observações, testes) e da relação transferencial que ela estabelece, busca compreender, especialmente, como ela vive a dependência e a independência em relação ao esperado para sua faixa etária; como ela pode aceitar o que lhe é dado (disposição receptiva), pedir o que necessita e fazer que o outro lhe dê; o quanto é capaz de dar e de tomar de forma mais ativa e independente; como reage diante da separação; qual é o equilíbrio entre sentimentos de confiança e desconfiança e o grau de esperança nas relações interpessoais; como são suas expectativas em relação ao encontro interpessoal; o quanto pode confiar no outro mantendo uma certa dose de desconfiança protetora; o quanto se retrai ou tenta controlar o outro por medo, desconfiança e expectativas negativas; reações frente à frustração.

Para que se possa compreender melhor essas características, é preciso saber também por que caminhos a criança chegou a elas, ou seja, conhecer o histórico de seu desenvolvimento. E, também, em relação aos pais (e, nesse caso, especialmente em relação à mãe), como eles vivem a própria dependência e independência; qual o grau de equilíbrio entre confiança e desconfiança nas relações interpessoais que eles estabelecem; qual sua capacidade de dar, no tempo necessário, com regularidade e consistência e de forma coordenada com as necessidades da criança; qual sua capacidade de impor frustração; como são os padrões familiares e transgeracionais de confiança, dependência e independência; e o quanto a mãe se sente apoiada, afetiva e socialmente, para desempenhar seu papel de mãe. Todos esses aspectos devem ser considerados em sua sequência histórica.

Além disso, é necessário compreender a regulação mútua entre as necessidades e características dessa criança em particular e as desses pais (mãe) em particular, levando em conta intercorrências específicas da história dessa relação (por exemplo, gravidez inesperada ou indesejada, problemas graves de saúde, perdas importantes) e seus efeitos.

A avaliação desses fatores é central para a indicação e para o planejamento de uma psicoterapia breve, porque eles têm relação direta com a possibilidade do estabelecimento de uma aliança terapêutica, condição essencial para esse tipo de intervenção. Algum grau de confiança é necessário para permitir que isso ocorra, e para que as intervenções do terapeuta possam ser aceitas. Também é necessário poder ser dependente para aceitar ajuda, e poder ser independente o suficiente para tolerar o rompimento do vínculo terapêutico após um breve período. Além disso, é necessário que as projeções da mãe sobre a criança não sejam extremamente intensas e inflexíveis, uma vez que, se isso ocorre, significa que a mãe depende da criança como depositário de aspectos seus; portanto, não poderia tolerar que ela desenvolvesse independência, nem tolerar retomar para si o que projetou nela.

Não se está aqui afirmando que, para a indicação de uma psicoterapia breve, é necessário que esses aspectos se encontrem equilibrados e bem desenvolvidos. Trata-se apenas de reconhecer que, nos casos de extremo desequilíbrio, o trabalho ficará impossibilitado. Nos casos em que há dificuldades em grau moderado, essas questões serão objeto de atenção especial no planejamento do processo e das estratégias de intervenção.

Quando esse é o modo principal de funcionamento, as estratégias terapêuticas devem ser planejadas de maneira a oferecer continência, possibilitar o desenvolvimento de um vínculo confiável e promover a confiança da mãe em sua própria capacidade de dar e de acolher a dependência da criança. Deve-se, durante o processo, tentar criar condições para experiências positivas de dependência. No entanto, é preciso cuidado especial com o nível de dependência que se estabelece, em virtude do tempo de duração da psicoterapia. Ajudar os pais a perceber suas próprias capacidades e a acolher a dependência da criança (em vez de promover a dependência da criança em relação ao terapeuta) são formas de trabalho mais compatíveis com esse tipo de intervenção. Se isso não for possível com os pais, pode-se tentar encontrar figuras substitutas, que façam parte da vida cotidiana da criança.

SEGUNDO ESTÁGIO: A INFÂNCIA INICIAL

Essa fase tem relação com as possibilidades de desenvolver autonomia, a partir do conflito com os sentimentos de vergonha e dúvida e, ainda, com a capacidade de reter e soltar, liberar. Devem ser observadas, na criança, as capacidades de escolher e de explorar o ambiente, de ter iniciativa e de manifestar sua vontade; a forma como lida com a agressividade e como a expressa, as tentativas de controlar o outro e a capacidade de autocontrole e de discriminar sentimentos de ações, especialmente em relação à raiva e à agressividade; a capacidade de testar e de se adaptar aos limites e regras do ambiente, e as reações diante da frustração. É preciso observar ainda se existe vergonha excessiva, que leva a sentimentos de inferioridade ou conduz a tentativas de levar vantagens às escondidas ou de aparentar indiferença à opinião dos outros; se há atitudes de autonomia desafiadora ou de dúvida compulsiva (a dúvida é a desconfiança secundária de si mesmo e dos outros); se há possibilidade de utilizar a brincadeira como via de expressão e de elaboração, em especial como forma de experimentar autonomia dentro de seus próprios limites e regras.

Em relação aos pais, é necessário observar a capacidade de permitir iniciativas da criança, apoiando seu desejo de fazer coisas por si mesma, e, ao mesmo tempo, fornecendo a segurança de limites compatíveis à sua idade e à situação, e protegendo-a de experiências que possam gerar excessiva vergonha ou dúvida; capacidade de conceder independência gradual e de impor frustração em nível adequado, de permitir a manifestação da agressividade, de contê-la e de ajudar a criança a discriminar entre sentimento e ação e a estabelecer autocontrole; possibilidade de permitir que a criança tenha vontade própria, sem que essa vontade domine tiranicamente o ambiente; ser capaz de ensinar a discriminação entre bom e mau, certo e errado, permitido e proibido, com firmeza e flexibilidade. É preciso verificar ainda se houve a imposição de um controle muito rígido e prematuro, ao qual a criança tem que reagir com soluções desadaptativas.

Em relação à regulação mútua pais-criança, já foi dito que essa é a fase que traz maiores dificuldades. A leitura do parágrafo anterior pode dar a impressão de que se está colocando um nível de exigência muito elevado para os pais. Embora todos reconheçam que a tarefa de criar um filho é extremamente complexa e difícil, não se está aqui esperando pais perfeitos ou com capacidades sobre-humanas. As possibilidades apontadas ocorrem habitualmente no dia a dia, e dependem, no que diz respeito aos pais, de como eles puderam elaborar essas questões no decorrer de seu próprio desenvolvimento, e do quanto se sentem autônomos e independentes em suas próprias vidas. Cada criança, no entanto, tem também características próprias, e a combinação particular entre uma determinada criança e seus pais determinará o quanto serão bem sucedidos na elaboração dos conflitos característicos dessa etapa.

A intervenção psicoterapêutica, quando os conflitos centrais se relacionam a essa fase, deve incluir a possibilidade de oferecer continência e controle da agressividade e o trabalho com limites e com tolerância à frustração, tanto com a criança quanto com os pais. A psicoterapia breve traz necessariamente um elemento importante relacionado a isso, uma vez que já é, por definição, um trabalho com limite de tempo e de objetivos. Assim, a questão está posta desde o início, e será especialmente mobilizada na fase de término do processo, exigindo atenção especial do terapeuta e, ao mesmo tempo, permitindo uma avaliação do quanto o trabalho foi bem-sucedido.

TERCEIRO ESTÁGIO: A IDADE DO BRINCAR

Essa é a fase em que a brincadeira alcança maior importância, e em que a criança deve desenvolver sua iniciativa, ampliar as relações interpessoais e preparar-se para seus papéis sociais e parentais. É importante observar sua capacidade de brincar de forma espontânea, utilizando a imaginação, a fantasia e o espaço, inclusive para se libertar dos limites impostos, mas sem perder a noção de realidade; a ampliação do uso da linguagem como forma de comunicação; a capacidade de se relacionar com outras crianças e com adultos significativos, procurando, inclusive, outros modelos de identificação além dos pais; como lida com ciúme e rivalidade em vários níveis (com o genitor do mesmo sexo, com irmãos, com pares); se vai aprendendo a perceber as diferenças entre os sexos e as idades; se começa a investigar e vislumbrar objetivos, a pensar em ser grande e a se identificar com os adultos; como põe à prova seus poderes e qualidades; a capacidade de tomar iniciativa e tentar conseguir o que quer, de forma intrusiva ou sedutora; se há excessiva inibição da iniciativa, principalmente por sentimentos de culpa.

Em relação aos pais, é necessário observar o quanto são capazes de ajudar a criança a canalizar construtivamente suas energias, ou o quanto acentuam seu sentimento de culpa e impedem suas iniciativas; o quanto conseguem tolerar e limitar os desafios diretos que a criança lhes faz, ocupando seu lugar de pais e adultos e ajudando a criança a se colocar em seu próprio lugar; se são capazes de impor frustração, mas também de mostrar possibilidades, em especial de crescimento e de desenvolvimento, ajudando-a a construir as bases da ambição adulta; se permitem que ela amplie sua esfera de contatos, inclusive para buscar apoio entre iguais e novos modelos de identificação.

Quando o modo principal de funcionamento se relaciona a essa fase do desenvolvimento, significa que a criança já pôde percorrer uma parte importante de seu caminho, e atingir uma organização psíquica mais elaborada e desenvolvida, o que, na maioria das vezes, relaciona-se a um prognóstico mais favorável. A intervenção terapêutica, nessas condições, pode ser uma importante oportunidade de ampliar a utilização da brincadeira espontânea, da fantasia, da iniciativa e do espaço, de testar a divisão de papéis e de lugares na relação e de oferecer à criança um novo modelo de identificação. Em geral, os conflitos já estão mais circunscritos e organizados, e o trabalho psicoterápico focalizará questões específicas.

QUARTO ESTÁGIO: A IDADE ESCOLAR

Essa é a idade do início da escolarização formal, da aquisição de noções básicas de trabalho e de testar as próprias competências. Deve-se observar se a criança é capaz de ter a disciplina necessária para se adaptar à aprendizagem formal; se pode, aos poucos, desenvolver um sentido de produtividade e autoestima; se é capaz de produzir e realizar, dentro de suas possibilidades; se vai desenvolvendo capacidade de se relacionar com pessoas diferentes e de participar de grupos mais amplos; se é capaz de perceber a relatividade das regras, dos papéis e dos comportamentos e de se adaptar a diferentes contextos; se busca cada vez mais independência, mas é capaz de perceber em que aspectos ainda precisa ser dependente e aceita esse fato; se aceita que não pode estar em igualdade de condições com os adultos, mas procura um lugar valorizado entre seus pares e, portanto, se estabelece uma relação mais realista com os pais e é capaz de cooperar e de competir com crianças de sua idade; se demonstra capacidade de assumir obrigações, de planejar e de trabalhar em grupo; se continua a ampliar seu círculo de relações e a procurar novos modelos de identificação; se é capaz de investir esforço e energia na busca de metas realistas e socialmente aprovadas e de aceitar dificuldades e limitações; se há sentimentos intensos de inferioridade, inércia que limita a produção, necessidade exagerada de competir ou comportamentos excessivamente dependentes e regressivos; se não gosta de estudar e aprender ou se supervaloriza o sucesso escolar e as obrigações, em detrimento da espontaneidade e da diversão.

Em relação aos pais, se são capazes de ajudar a criança a confiar em suas capacidades, mas permitem dependência quando e nas áreas em que ela ainda é necessária; se valorizam e incentivam a produtividade da criança e exigem disciplina e compromisso com as obrigações; se aceitam o crescimento do filho e o incentivam; se as exigências são muito elevadas e incompatíveis com as possibilidades da criança, intensificando sentimentos de inferioridade, incentivando a competição exagerada, contribuindo para que a criança exija demais de si mesma ou tenda a regredir para não enfrentar desafios além de suas capacidades; ou se as exigências são insuficientes e a criança não foi preparada para os desafios dessa fase. Nesse estágio, adquirem maior importância outros adultos presentes na vida da criança, especialmente professores, e o contexto escolar e social em que ela vive. Eles também devem ser levados em conta para a compreensão do caso.

O fato de essa etapa ter relação direta com a possibilidade de adaptação à escolarização formal não deve levar à falsa ideia de que as queixas escolares necessariamente se vinculam a ela. Sabe-se que parte significativa das crianças que procuram atendimento psicológico o fazem por causa de queixas escolares, mas sabe-se também que, por meio desse termo genérico, se concentra e se expressa uma grande variedade de dificuldades diferentes. Não estamos aqui estabelecendo uma relação direta entre a fase de desenvolvimento da criança e a queixa apresentada. Embora a escolha do sintoma revele aspectos de um tipo de funcionamento, e partamos da queixa trazida pelos pais, ela deve ser compreendida de forma contextualizada, buscando-se seu significado para aquela criança e para aqueles pais em particular. Assim, a queixa é o ponto de partida, mas o que é relevante é o modo de funcionamento psíquico. No caso de ele corresponder a esse quarto estágio do desenvolvimento, as estratégias terapêuticas serão definidas em função dos conflitos específicos, e os objetivos podem incluir o trabalho com autoimagem em relação à capacidade de produção, com relacionamento em grupo, com o esforço necessário para conquistar objetivos, competição com outras crianças, expectativas muito elevadas e padrões muito rígidos de sucesso, entre outras possibilidades.

PROPOSTA PARA ANÁLISE DO MATERIAL CLÍNICO

Tendo em vista o que foi considerado até aqui, vamos propor um referencial para análise psicodinâmica do material clínico colhido nos primeiros contatos com a criança e os pais, levando em conta os conhecimentos sobre o desenvolvimento infantil e visando a avaliar a possibilidade de uma psicoterapia breve. Além disso, se esse tipo de intervenção for considerado viável, a análise do material será utilizada também para o planejamento do processo psicoterápico.

Como já foi dito, partimos da queixa, tentando, de início, compreendê-la o melhor possível, em relação a histórico, características, frequência, desencadeantes e reações do ambiente. A seguir, procuramos conhecer as características principais do caso: a modalidade principal de funcionamento da criança, dos pais e as características da relação entre eles. Pode-se começar por qualquer um desses aspectos, e ir incluindo os demais. Essa configuração do funcionamento ajudará a compreender a queixa e seu significado e outras queixas, manifestas ou latentes, se existirem.

Assim, a partir do material clínico, procura-se identificar:

- as principais dificuldades apresentadas pela criança e pelos pais, e como se manifestam na regulação mútua pais-criança;
- com que fase do desenvolvimento essas dificuldades se relacionam;
- quais são as modalidades principais de funcionamento da criança e dos pais, e a que estágios do desenvolvimento elas correspondem;
- modos secundários de funcionamento e características das outras fases do desenvolvimento;
- se há conflitos relevantes relacionados a outras modalidades de funcionamento e a outras fases do desenvolvimento;
- configuração da relação pais-criança, incluindo qualidade e intensidade das projeções e identificações mútuas;
- se existe um conflito central identificável que possa, em seus aspectos principais ou em alguns aspectos secundários, ser trabalhado por meio de uma psicoterapia breve;
- no caso de a PB ser contraindicada, por que e qual seria, então, a indicação;
- no caso de a PB ser indicada, se ela é a indicação principal ou secundária;
- no caso de não ser possível trabalhar aspectos dos conflitos centrais, se há outros, secundários, cujo trabalho parece indicado;
- em caso de indicação, planejamento da PB: focos, objetivos e estratégias (incluindo forma de atendimento e tipos de intervenção);
- prognóstico.

CASOS CLÍNICOS

Com a finalidade de deixar mais clara nossa proposta, vamos, a seguir, ilustrá-la com a apresentação de casos clínicos.

Uma vez que nosso objetivo é contribuir para a evolução e para o estudo da aplicabilidade da psicoterapia breve infantil e para sua melhor utilização em situações clínicas reais de atendimento à comunidade, escolhemos casos inscritos em uma clínica-escola ligada a um curso de Psicologia, localizada na região central da cidade de São Paulo. A clientela desse tipo de serviço é ampla e heterogênea em relação ao nível socioeconômico e cultural, tipos de dificuldades apresentadas e faixa etária, entre outros aspectos, e por isso consideramos que pode representar nossa população clínica.

São seis crianças e seus pais, e os únicos critérios que utilizamos foram a idade da criança e o fato de residirem com pelo menos um dos pais, que participou do trabalho. O critério de idade buscou apresentar casos que representam diferentes momentos do desenvolvimento infantil; por isso, incluímos duas crianças com idades entre três anos e cinco anos e onze meses, duas com idades entre seis anos e oito anos e onze meses e duas com idades entre nove anos e dez anos e onze meses.

A composição de três meninos e três meninas foi casual, como indicado nos critérios apontados. Todos frequentavam a escola, sendo que os dois mais novos cursavam Educação Infantil – um deles em escola particular e outro em escola pública –, e os outros quatro cursavam Ensino Fundamental I em escolas públicas. Todas as crianças cursavam anos escolares em relativa conformidade com sua idade cronológica, mas esse dado não significa aproveitamento satisfatório, em função do regime de progressão continuada adotado nas escolas em questão.

O grau de escolaridade dos pais variou de Ensino Fundamental I incompleto a Ensino Superior incompleto. Em dois dos casos atendidos, foi possível o comparecimento do pai e da mãe da criança, pelo menos em algum momento do processo; esses eram os únicos casos em que o casal vivia junto. Em três casos compareceram apenas as mães, sendo que elas não mantinham relacionamento conjugal com os pais das crianças, e eles não estavam tendo, no momento do atendimento, contato frequente com elas. Em um dos casos compareceu apenas o pai, que era viúvo.

O Quadro 3 resume essas características dos casos atendidos.

QUADRO 3 CARACTERÍSTICAS DE CADA UM DOS CASOS ATENDIDOS, EM RELAÇÃO À CRIANÇA E AOS PAIS QUE COMPARECERAM AO ATENDIMENTO

Caso	Sexo	Idade	Escolaridade	Situação dos pais	Pais atendidos	Escolaridade dos pais	Ocupação dos pais
1	masculino	3a. 3m.	Educação Infantil	separados	mãe	Fundamental I incompleto	serviços gerais
2	masculino	4a. 11m.	Educação Infantil	separados	mãe	Superior incompleto	estagiária
3	feminino	7a. 8m.	2º. ano Fundamental	casados	pai e mãe	Médio incompleto	comerciantes
4	feminino	8a. 3m.	4º. ano Fundamental	separados	mãe	Médio completo	comerciária
5	masculino	9a. 2m.	3º. ano Fundamental	pai viúvo	pai	Fundamental I completo	serviços gerais
6	feminino	9a. 11m.	5º. ano Fundamental	casados	pai e mãe	Fund. I compl. e Fund. II inc.	comerciários

Um dos casos (caso 5) desistiu no decorrer do processo, deixando de comparecer e não respondendo a nossas tentativas de contato. Apesar de a avaliação não ter sido concluída, mantivemos o relato do caso, pois consideramos que o material obtido permitia uma análise parcial e ilustrava uma situação importante, como se verá à frente.

Foi realizado um diagnóstico breve, com o objetivo principal de se obter uma compreensão que permitisse a avaliação da necessidade e da possibilidade de uma psicoterapia breve e, em caso positivo, um planejamento terapêutico adaptado às características do caso. Como o objetivo era que os pacientes recebessem um atendimento dentro de um contexto clínico naturalista, os procedimentos não foram padronizados, mas seguiram diretrizes gerais, que incluíam, no mínimo, a realização de:

- duas entrevistas semidirigidas com os pais, ou com pelo menos um deles;
- um encontro com a criança;
- entrevistas devolutivas e de encaminhamento, no caso de ele ser indicado.

Consideramos necessário realizar um mínimo de duas entrevistas com os pais para que pudéssemos não só colher as informações necessárias sobre a criança e sobre os próprios pais, mas também para que um segundo encontro permitisse ter maior segurança sobre as percepções iniciais. Além disso, consideramos importante que os pais pudessem contar com um tempo maior, inclusive para que a situação se tornasse mais conhecida e a relação menos envolvida nas ansiedades do primeiro contato.

Nos encontros com a criança, iniciamos sempre com a presença, na sala, de material lúdico, incluindo material gráfico. A quantidade de encontros, que variou de um a três, foi sendo estabelecida no decorrer do processo, de acordo com o que consideramos necessário para a avaliação diagnóstica. Durante as sessões, utilizamos as estratégias que observávamos ser facilitadoras do contato com cada criança e de sua expressão, de acordo com suas características. Isso incluiu contato verbal, observação lúdica, desenho livre e, em um dos casos, o Procedimento de Desenhos-Histórias (Trinca, 1997), além do que podemos chamar de observações clínicas. Esse último instrumento se constitui na observação cuidadosa de tudo que ocorre durante o atendimento, pautada não só no referencial teórico psicodinâmico, mas também na experiência clínica do psicólogo. Na verdade, ele influencia desde a coleta de dados até a elaboração e interpretação do material coletado. Quando se utilizam entrevistas semidirigidas, a própria condução do trabalho é feita a partir da observação que ocorre no momento do contato. Também em uma observação lúdica ou na aplicação de instrumentos diagnósticos projetivos, a relação que se estabelece com o paciente, as perguntas que são feitas e a maneira de fazê-las e a participação do psicólogo nas atividades desenvolvidas são diretamente influenciadas pela observação clínica, que inclui a observação dos dados transferenciais e contratransferenciais.

Em função dos objetivos, pretendeu-se que o processo fosse sempre o mais breve possível, sem prejuízo de sua qualidade.

As entrevistas devolutivas, realizadas com os pais e com as crianças, tiveram o intuito de ser interventivas, no sentido de discutir a compreensão diagnóstica, trabalhar o que fosse possível no momento e oferecer encaminhamento compatível com as necessidades. As devoluções para as crianças não foram feitas em uma entrevista específica, mas no final do último contato que tivemos com elas. Esse procedimento buscou reduzir o número de encontros ao mínimo necessário.

Apresentamos a seguir, no Quadro 4, quantos e com quem foram feitos os atendimentos em cada um dos casos clínicos.

QUADRO 4 NÚMERO DE ATENDIMENTOS REALIZADOS COM CADA UM DOS CASOS CLÍNICOS ESTUDADOS

Caso	Entrevistas: nº./ com quem	Contatos com a criança	Entrevista devolutiva
1	2 com a mãe	1	mãe
2	2 com a mãe	1	mãe
3	2 com a mãe	2	pai e mãe
4	2 com a mãe	3 (um deles para o Procedimento de Desenhos-Histórias)	mãe
5	2 com o pai	1	–
6	1 com o pai 1 com a mãe	2	pai e mãe

Dado que os vários aspectos envolvidos na utilização da psicoterapia breve se constituem em uma área de estudos pouco desenvolvida e de grande complexidade, vamos nos valer, na análise do material, de nossa própria experiência e dos referenciais da teoria psicodinâmica, da psicologia do desenvolvimento, dos estudos sobre a dinâmica familiar e sobre a psicoterapia psicanalítica de crianças.

Os casos serão apresentados na sequência crescente da idade cronológica das crianças. Atribuímos nomes fictícios a elas e aos pais. Para facilitar a leitura e a memorização, esses nomes seguiram ordem alfabética: começam com a letra "A" no caso 1, com a letra "B" no caso 2, e assim sucessivamente. Os dados ou situações que pudessem identificar as pessoas envolvidas foram modificados ou omitidos, procurando-se sempre manter a possibilidade da compreensão clínica do caso. As citações literais de falas da criança ou dos pais estão colocadas entre aspas.

Não se pretende, na breve apresentação de cada caso, abarcar toda a riqueza de dados nem a compreensão integral das situações, esta sabidamente impossível de ser atingida. Focalizados em nosso objetivo, vamos nos ater às informações que consideramos mais relevantes e buscar a compreensão dos aspectos centrais.

Inicialmente, informamos dados gerais sobre a criança e os pais: idade, nível de escolaridade, profissão. A seguir, é relatada a queixa e como se configura a constelação familiar da criança. No item sobre o histórico, são resumidas as principais informações sobre a história de vida do pai, da mãe e da criança. Em alguns casos há o acréscimo de mais algum item, quando informações específicas se mostraram relevantes, como no caso de dados sobre os irmãos da criança ou de nosso contato com ela.

Na sequência, é feita a análise do caso, dividida inicialmente em compreensão sobre os pais, sobre a relação pais-criança e sobre a criança. Segue-se uma conclusão, em que são levados em conta os parâmetros do desenvolvimento e em que é avaliada a indicação para psicoterapia breve e o planejamento psicoterápico.

CASO CLÍNICO 1 - ABEL

Idade: 3 anos e 3 meses.

Escolaridade: Educação Infantil.

Mãe: Alice, 34 anos, auxiliar de serviços gerais, Ensino Fundamental I incompleto.

Pai: a mãe prefere não dar nenhuma informação sobre ele, alegando que seu nome nem consta da certidão de nascimento da criança.

Queixa: "Retardamento na fala, é muito desligado, não presta atenção, é agressivo". A mãe relata ainda que ele tem dificuldades em aceitar limites, e que há fases em que chora por qualquer motivo.

Constelação familiar: Abel mora com a mãe e o meio-irmão de 6 anos, filho de uma união anterior da mãe. Viu poucas vezes o pai, que, segundo a mãe, para ele é um estranho. O último contato entre pai e filho foi há seis meses.

Histórico

Pai: Segundo a mãe, o pai da criança vem de uma família desestruturada, na qual todos são alcoolistas. Quando o conheceu estava numa situação muito difícil, desempregada e com uma criança pequena, seu primeiro filho. Ele se propôs a ajudá-la, iniciaram um relacionamento e, durante dois anos, a mãe acha que ele foi uma pessoa excelente. Mas, aos poucos, foi percebendo que ele era alcoolista, muitas vezes não cumpria seus compromissos de trabalho, e o relacionamento do casal foi piorando. Brigavam muito, e ela resolveu se separar, mesmo estando grávida de dois meses. Não sabe se foi o melhor momento, mas acha que foi melhor assim. Pediu que ele saísse de casa, e ele disse que então não tinha filho nenhum, e não apareceu mais até o bebê ter cinco meses. A mãe acha que, após a separação, ele se desestruturou totalmente. Quando reapareceu, mostrou-se disposto a ajudar e sustentou a criança por quatro meses, prometendo registrá-la, mas sumiu novamente. Tem sido assim até hoje, e a mãe prefere não contar com ele, já que seu comportamento é muito instável.

Mãe: A mãe, Alice, nasceu na zona rural do Nordeste, onde viveu até os 9 anos com os pais e os sete irmãos. Era a quinta filha, na ordem de nascimento. Trabalhava o dia todo na lavoura desde os 6 anos, como todas as crianças da família, ajudando a plantar, "porque se não plantasse também não comia". Sua mãe, segundo ela, sempre foi muito "dramática", achando sempre que ia morrer, que estava doente, só via problemas e fatos negativos. Sempre foi assim, e continua até hoje. Gostaria que a mãe viesse morar com ela, porque poderiam se ajudar mutuamente, mas ela se recusa, porque não gosta de São Paulo, do tempo frio, de apartamento. Seu pai morreu há oito anos. Quando estava com nove anos, Alice decidiu que queria morar com a tia na cidade, para estudar, porque a escola na zona rural era muito distante. Mesmo contra a vontade dos pais, insistiu tanto que eles acabaram concordando. Segundo ela, quando quer uma coisa, faz e pronto, não adianta ninguém tentar impedir. Na casa da tia, podia apenas brincar e estudar, e visitava os pais a cada uma ou duas semanas; por isso, diz que não sentia falta deles. Repetiu duas vezes o 1º ano e, após cursá-lo pela terceira vez, desistiu de estudar porque não tinha mais paciência, considerando que já tinha aprendido bastante, para quem antes não sabia nada. Aos 15 anos, começou a trabalhar como babá, e, aos 20 anos, veio para São Paulo, morar com um irmão. Trabalhava a semana toda como empregada doméstica, dormindo no emprego, e nos fins de semana ia para o apartamento que o irmão dividia com um amigo. Dois anos depois foi viver com um companheiro. Acha que foi precipitada, podia ter aproveitado muito mais a vida. O companheiro não gostava que ela trabalhasse, o que era motivo de brigas, porque ela nunca gostou de depender de ninguém. Viveram juntos por oito anos, tiveram um filho e, quando a criança estava com dois anos, o casal se separou porque ela descobriu que ele lhe contara muitas mentiras e, inclusive, já era casado. Esse companheiro mantém contato regular com o filho até hoje, passa férias e fins de semana com a criança e paga pensão alimentícia. Após essa separação, a mãe conheceu o pai de Abel, e foram viver juntos. Já no início da gestação do paciente, o casal se separou. A mãe passou uma gravidez difícil, sozinha. Quando a criança nasceu, foi demitida do emprego e teve que dar um jeito de sobreviver e de sustentar os filhos com trabalhos informais por cerca de um ano e meio, até arrumar outro trabalho fixo. Atualmente, trabalha como auxiliar de limpeza e, há pouco tempo, precisou mudar o horário de trabalho, o que faz com que, atualmente, fique muito pouco com as crianças. Por isso, dedica a elas todo o tempo no domingo, único dia em que podem ficar juntas. Diz que atualmente se preocupa apenas com elas e com o trabalho, porque já se decepcionou duas vezes com seus relacionamentos, e não está disposta a novas experiências agora. Dois dos irmãos da mãe morreram assassinados, um deles quando ela estava no sétimo mês da gestação do paciente. Era o caçula, e a mãe diz que, se acreditasse em reencarnação, diria que Abel é sua reencarnação, porque é idêntico a ele: teimoso, faz que não escuta quando falam com ele, faz o que quer. O tio veio para São Paulo contra a vontade de todos; quando queria uma coisa e não deixavam, ele fugia. Metia-se em confusões, em brigas, era muito atirado. Acha que Abel é assim, e tem dificuldade de controlá-lo, também porque evita bater, uma vez que tem medo de se descontrolar e bater demais. Isso nunca aconteceu, mas prefere evitar.

Abel: Nasceu de uma gravidez não planejada e não desejada, segundo a mãe, porque o relacionamento do casal não estava bom, o pai estava bebendo muito e ela tinha acabado de conseguir um bom emprego. Ela ficou muito abalada, ingeriu substâncias que lhe indicaram para ver se abortava, mas não adiantou. Passou uma gestação muito difícil, sozinha. Abel nasceu muito grande, o parto foi demorado e doloroso. Mamou no peito até os 4 meses, época em que foi para a creche e não quis mais mamar. Mesmo que o leite materno fosse dado na mamadeira, ele tinha náuseas, e às vezes vomitava. A mãe se sentiu muito aborrecida por ele preferir o leite em pó ao leite dela. Os dentes começaram a nascer quando ele tinha cerca de oito meses, e nasceram vários de uma vez, o que causou grande incômodo à criança. Andou com um ano e cinco meses, o que a mãe considera tarde. Começou a falar na mesma época, e fala "errado" até hoje, troca muitas letras. Tirou as fraldas com um ano e oito meses; segundo a mãe, sem dificuldades. Não aceita um não, quer as coisas das outras crianças. Há fases em que está agressivo e bate nos colegas da escola, fases em que chora por qualquer motivo e fases em que está mais independente. A mãe acha que é preciso ser firme com ele, e que perto dela ele é pior, porque convivem pouco. Deixou a chupeta há pouco tempo. Tinha várias, e as jogava pela janela; então, a mãe deixou de comprar, e elas acabaram. A mãe está tentando tirar a mamadeira, mas está muito difícil. Tem bronquite há cerca de dois anos, e passa muito tempo doente e tomando remédios por causa disso. Viu o pai pela última vez há seis meses, mas não quis se aproximar dele. Segundo a mãe, o único pai que conhece é seu padrinho. Quando o pai de seu irmão vem buscá-lo, Abel o chama de pai, e não entende o motivo de não poder ir junto com o irmão.

ANÁLISE DO CASO

Pais

Com o pai não foi possível ter contato, nem sequer saber seu nome, uma vez que a mãe não quis dar essa informação. Além disso, ela considerou impossível tentar uma entrevista com ele, uma vez que eles não têm contato há mais de seis meses. A figura paterna fica, assim, caracterizada por sua ausência e referida pela mãe como instável, "alguém com quem não se pode contar".

A mãe teve uma história de vida bastante difícil: sendo parte de uma prole numerosa e, vivendo num contexto social extremamente carente e tudo indicando que sua própria mãe sempre teve características depressivas. Num ambiente em que as relações interpessoais eram superficiais, e as energias estavam voltadas para a luta diária pela sobrevivência, não houve tempo para ser criança, nem espaço para ser dependente, nem continência para os sentimentos. O que lhe permitiu alterar seu destino e mudar o rumo de sua vida foi aquilo que ela chama de sua teimosia, seu inconformismo e sua insubordinação. "Sempre fui muito teimosa... Sou muito persistente: quando quero uma coisa tenho que ir até o fim; se não deixar, eu fujo". "Quando quero, eu vou mesmo, não adianta. 'Não', para mim, é 'sim'". A necessidade de ter que se utilizar intensamente da própria agressividade para sobreviver e o fato de sentir que não conseguiam controlá-la, desde criança, geraram certo receio de sua própria raiva. Esse receio contribui para que se separe e se afaste das pessoas que a decepcionam, como fez com os dois companheiros e com as irmãs, e para que evite assumir sua autoridade junto ao filho, especialmente quando sente raiva: "Prefiro não bater, porque senão não vou parar mais".

Quanto aos relacionamentos interpessoais, guarda uma expectativa negativa, esperando ser enganada ou, pelo menos, não ser atendida em suas necessidades. Em função disso, tende a enxergar muito mais a ausência de disponibilidade do outro do que o oposto. Por exemplo, quando o paciente nasceu, contou com a ajuda do ex-companheiro, que ficou com seu filho mais velho enquanto ela esteve hospitalizada, de uma amiga que a levou ao hospital e de vizinhas que a auxiliaram nas tarefas domésticas, mas sente que ficou sozinha para dar conta de tudo, "porque nessas horas os amigos desaparecem". Para evitar decepções, nega suas próprias necessidades e sentimentos, evitando qualquer tipo de dependência, material ou emocional: "Sempre fui dependente de mim mesma, nunca fui de depender de ninguém". Na transferência, esse padrão de relacionamentos aparece numa tentativa de afastamento afetivo, numa tendência a amenizar os problemas e os sentimentos difíceis e até na omissão de certos dados pelos quais imagina que poderia ser criticada, como o fato de deixar as crianças sozinhas em casa até voltar do trabalho. Esse dado só apareceu na entrevista devolutiva, após uma aproximação maior de seus sentimentos.

Assim, Alice é uma pessoa que sempre precisou ser forte. Desde pequena, teve que literalmente plantar sua própria comida, e aprendeu a não esperar ajuda e, de preferência, a nem sequer desejá-la. Por outro lado, não sabe até onde pode ir com sua força e que prejuízos pode causar a si mesma e aos outros se não souber controlá-la.

Relação mãe-criança

A forma como a mãe apresenta a criança revela, já de início, certa ambivalência de sentimentos: "[...] É o comportamento do meu filhotinho [...] É uma criança ativa, até demais [...] Fica muito agressivo [...]". A expressão "filhotinho" enfatiza o fato de ser pequeno, dá certa impressão de fragilidade, e, a seu lado, vem uma ideia de "ativo demais" e "agressivo". A história mostra que a gravidez não foi desejada, a mãe fez várias tentativas de aborto, e ainda hoje deixa claro como a existência da criança traz dificuldades e complicações para sua vida. Ao mesmo tempo, mostra-se extremamente disponível, dizendo dedicar aos filhos todo seu tempo livre, afirmando que eles são a prioridade, e que não pensa em nada para si mesma.

A ambivalência mais visível, no entanto, refere-se às semelhanças que a mãe vê entre ela mesma e a criança, e, principalmente, entre seu irmão caçula, já falecido, e a criança (que também é o filho caçula). Essa semelhança se refere a uma marcante autonomia, ou às vezes teimosia, a se fazer só o que se quer, e inclui boa dose de agressividade. Essas características representam para a mãe a possibilidade que teve de mudar seu próprio destino, tirando-a de uma vida extremamente limitada e sofrida, no interior do Nordeste, para trazê-la primeiro para a cidade, e depois para São Paulo, mas representam também a condenação de seu irmão à morte prematura. Esses aspectos do tio materno, que foi assassinado quando a mãe estava no sétimo mês de gestação, são intensamente projetados em Abel, a ponto de a mãe dizer que teria motivos para acreditar que ele seria a reencarnação do tio, se ela acreditasse em reencarnação. Levam à criança a dupla mensagem de que ela seja autossuficiente, lute por seus desejos e necessidades e, ao mesmo tempo, seja pequena (o "filhotinho"), obediente e comportada.

A possibilidade de ser pequeno e dependente, no entanto, traz outros riscos: a própria mãe não teve experiências positivas de dependência (teve, desde muito cedo, que "plantar sua própria comida"), assim como a criança, que desde muito cedo foi cuidada por várias pessoas, enquanto a mãe trabalhava, e, até hoje, pode contar muito pouco com ela em seu dia a dia.

Assim, na relação da mãe com a criança transparecem dois conflitos principais: o conflito entre a dependência, que traz grande risco de abandono e insatisfação, e a independência e autonomia, que leva à solidão; e o conflito em relação à agressividade, necessária para lutar pela vida e pela própria sobrevivência, mas arriscada pela possibilidade de destruição, em relação ao outro e a si mesmo.

Criança

O primeiro sinal que tive da presença de Abel foi um choro alto e forte. Ao chegar à sala de espera, encontrei-o em pé, parado, com a mãe sentada a seu lado, dizendo que ele estava com medo. Ele não olhava para nada, e não esboçava nenhuma reação a não ser chorar; não tentava sair, não utilizava a mãe para se agarrar ou se esconder, nem para se proteger. Se ele estava com medo, isso demonstrava que não tinha boas expectativas em relação a nosso encontro, mas não conseguia utilizar nenhum recurso para se defender ou proteger, a não ser o mais primitivo deles: o choro. Só quando o convidei a entrar fez um movimento corporal de evitação, e aceitou vir apenas na companhia da mãe. Dentro da sala, seu relacionamento comigo passou por várias etapas: inicialmente tentou evitar qualquer contato, não me olhava, agia como se não me escutasse, mas se interessou pelos brinquedos, e passou a utilizar a mãe como refúgio, permanecendo em seu colo ou recostado nela. Em um segundo momento começou a falar, mas exclusivamente com a mãe. Sua fala mostrou-se, então, bastante semelhante à de um bebê, pouco inteligível. Na fase seguinte, passou a dar sinais de que me escutava, mas o sinal era sempre um "não". Independente do que eu dissesse, acenava "não" com a cabeça.

Durante todo esse período da evitação do contato e da reação negativista, a mãe mostrou-se bastante ansiosa, incentivando-o a utilizar os brinquedos e a se afastar dela. Depois tentou demonstrar as capacidades intelectuais da criança, perguntando insistentemente os nomes das cores e de objetos. Finalmente, tentou afastá-lo fisicamente, usando como justificativa o fato dele ser pesado, estar machucando-a e deixando sua perna dolorida. Mais uma vez fica aparente a dificuldade da mãe de ser continente da própria ansiedade, e, portanto, da ansiedade da criança, e de possibilitar a dependência. Fica explicitada a ideia de que ele é "pesado" para ela.

Com o passar da sessão, Abel conseguiu ir ficando mais à vontade, e começou a tomar iniciativas. Então demonstrou persistência, grande interesse por alguns brinquedos (especialmente pela dificuldade de que todos os carrinhos coubessem dentro da carroceria do caminhão-cegonha) e habilidade motora. Sua atividade, no entanto, mostrou-se simples e repetitiva, muito pouco elaborada, mesmo para uma criança de três anos.

CONCLUSÃO

Se utilizarmos como referencial a teoria de Erikson (1976), podemos observar que as dificuldades na regulação mútua mãe-criança começaram já no início da vida do bebê, comprometendo o desenvolvimento da primeira modalidade social: o "obter". Podemos observar ainda que essa é uma dificuldade que atravessa as gerações, uma vez que a própria mãe viveu com sua mãe a mesma dificuldade, e não pôde experimentar uma relação satisfatória de dependência. Isso levou a prejuízos no desenvolvimento do sentimento básico de confiança (prejuízo observado na mãe e na criança) e de esperança no futuro, e a tentativas de controlar por compulsão. O desenvolvimento da segunda modalidade social, o "tomar", aparece também com características semelhantes na mãe e na criança. É uma maneira mais direta e ativa de tentar obter o que não foi dado espontaneamente, utilizada por ambas de forma intensa. O inconformismo e a insubordinação às normas e aos limites, exacerbados pela necessidade de tentar tomar para si o que se quer, são alguns dos principais aspectos projetados pela mãe na criança, e constituem parte importante da ambivalência que permeia a relação entre elas na vertente dependência-independência.

A segunda fase do desenvolvimento é a anal-uretral ou muscular. Observa-se, no material clínico, que as dificuldades vividas pela mãe e pela criança na fase anterior se estenderam para essa fase. A falta de confiança no outro faz com que a própria autonomia tenha que ser intensamente reafirmada, e há, então, um predomínio exagerado da impulsividade obstinada, que prejudica tanto o autocontrole quanto a utilização da agressividade de forma mais adaptativa.

Assim, podemos identificar, tanto na mãe quanto na criança, um conflito central, relacionado com dependência-independência, que resulta em sentimentos de desconfiança nas relações interpessoais, e está relacionado com a primeira fase do desenvolvimento. A ele se vincula um conflito derivado, ligado à segunda fase do desenvolvimento, entre a autonomia e a insegurança, que se expressa por meio de teimosia obstinada e dificuldades em lidar com a agressividade.

Na criança, esses conflitos principais aparecem por meio de medo e desconfiança frente ao outro, dificuldade de aceitar o que é dado e atitude negativista; na mãe, em tentativas de negar suas necessidades, em especial de dependência e vinculação.

Os principais aspectos positivos que podem ser observados no caso dizem respeito ao fato de a mãe trazer a criança para atendimento em idade precoce, quando o desenvolvimento não sofreu ainda prejuízos mais graves, numa demonstração de afeto e cuidado. Além disso, observa-se que, apesar do predomínio do sentimento de desconfiança, tanto na criança quanto na mãe, ele vai aos poucos arrefecendo no decorrer do atendimento, numa demonstração de alguma flexibilidade e abertura para mudança. Tanto a mãe vai podendo falar mais abertamente do que se passa com ela e de suas falhas, o que a princípio não ocorria, quanto a criança, no decorrer da observação lúdica, vai aos poucos se mostrando menos assustada, aproximando-se do material oferecido e conseguindo brincar.

Consideramos, portanto, que há possibilidade de realizar um trabalho de psicoterapia breve, uma vez que existem dificuldades significativas que necessitam de uma intervenção, condições para o estabelecimento de uma relação terapêutica e alguma abertura para mudança, e que esta pode ocorrer num espaço de tempo breve. Com base na compreensão do caso, o planejamento da psicoterapia envolve:

FOCO (tanto para o atendimento da mãe quanto para o da criança): desconfiança nas relações interpessoais e dificuldades quanto à disposição receptiva. Como foco secundário, podem ser consideradas as consequentes teimosia e dificuldade em relação a limites.

OBJETIVOS: devem incluir ajudar a mãe a reconhecer sua capacidade de dar afeto e cuidado e a ampliar sua capacidade de acolher a dependência; desenvolver condições para a criação de um vínculo confiável com o terapeuta, que possibilite à mãe e à criança modificar, pelo menos em parte, suas expectativas negativas em relação ao outro. Secundariamente, trabalhar com a possibilidade de suportar limites e frustração, e, com a mãe, também de impô-los.

ESTRATÉGIA: quanto à forma do atendimento, sessões individuais com a mãe, intercaladas com sessões conjuntas com a criança, até que a criança seja capaz de permanecer sozinha com o terapeuta, quando poderá, então, ter algumas sessões individuais, objetivando incrementar a discriminação entre ambas. Quanto aos tipos de intervenção, no caso da mãe, vincular os conflitos atuais com sua origem histórica, favorecendo a compreensão de suas próprias necessidades e das da criança, além de intervenções de esclarecimento, acolhimento e encorajamento para elaborar. Em relação à criança, predominantemente intervenções de acolhimento e encorajamento e de contenção da agressividade e da impulsividade quando necessário. Não pretendemos estabelecer *a priori* o número de sessões, porque essa é uma questão a ser resolvida de acordo com as condições em que ocorrerá o atendimento. Se houver limites externos determinando o número máximo de encontros (como no caso de serviços-escola ou de seguros-saúde), isso deverá ser considerado no planejamento. Se não, pode-se trabalhar em função dos objetivos propostos, utilizando o número necessário de sessões.

DIFICULDADES PREVISTAS: espera-se alguma dificuldade no estabelecimento da aliança terapêutica, tanto com a mãe como com a criança, em virtude dos sentimentos de desconfiança e das expectativas negativas, mas os contatos iniciais sugerem que há flexibilidade para mudança. Prevê-se o surgimento de situações em que será necessário trabalhar com limites e frustração durante o processo, e deve ser dada atenção especial a elas, para que o estabelecimento de limites não seja confundido com confirmação das expectativas negativas e da desconfiança. Esse cuidado será uma preparação para a fase de elaboração do término do processo, na qual essa questão do abandono e da desconfiança tem grande chance de ser bastante mobilizada.

PROGNÓSTICO: se houver possibilidade de desenvolver um relacionamento positivo, especialmente com a mãe, o prognóstico se mostra favorável, em vista da possibilidade de se estabelecer uma área focal a ser trabalhada e de alguma flexibilidade para mudança, observada durante as sessões.

CASO CLÍNICO 2 – BRUNO

Idade: 4 anos e 11 meses.

Escolaridade: Educação Infantil.

Mãe: Beatriz, 25 anos, estagiária, Ensino Superior incompleto.

Pai: Bento, 23 anos, técnico especializado, Ensino Médio incompleto.

Queixa: Pede muito para ver o pai, a quem é muito apegado. Os pais se separaram há quase três anos, e o pai, aos poucos, foi se afastando, e hoje praticamente não o procura mais. Às vezes, Bruno chora e diz que não gosta mais da mãe; ela acha que ele a culpa pelo afastamento do pai. Nessas ocasiões, precisa deixá-lo chorar um pouco, senão ele fica ainda mais nervoso; depois, devagar, ela se aproxima, o abraça e conversa com ele, tentando justificar que o pai trabalha muito.

Constelação familiar: Bruno é filho único, os pais estão separados, e ele mora com a mãe e a avó materna.

Histórico

Pai: Os dados foram fornecidos pela mãe, uma vez que o pai, Bento, não compareceu ao atendimento. Segundo ela, o pai de Bento é estrangeiro e, quando se casou, foi morar com a esposa em seu país de origem. O relacionamento do casal não era bom, e ele a agredia fisicamente. Ela suportou a situação até poder voltar ao Brasil e se separar, para garantir a guarda dos filhos. Atualmente, Bruno tem muito pouco contato com seu pai e não gosta de sua presença. Beatriz considera que Bento é uma pessoa honesta, trabalhadora, boa, tranquila. No entanto, tem alguns comportamentos estranhos, não sabe se devido ao ambiente familiar turbulento e agressivo que teve quando criança. Acha que ele é sempre "meio depressivo" e se esconde dos problemas.

Mãe: Os pais de Beatriz se separaram quando ela ainda era um bebê, e ela e sua mãe foram morar com seus avós maternos. Ela é filha única de sua mãe; seu pai se casou quatro vezes, e teve mais dois filhos. Durante sua infância, sua mãe trabalhava e estudava, e quem cuidava dela era a avó, a quem é muito apegada até hoje. Com a mãe, o relacionamento sempre foi difícil, acha que ela tentava compensar a falta de atenção com presentes, e ainda faz isso. Teve muito pouco contato com o pai, que morava em outro estado, e chegou a ficar três anos sem vir vê-la. Ele morreu quando ela estava com oito anos, em um acidente, e ela ficou sabendo por sua mãe, vários dias depois, porque não conseguiram avisá-los antes. Acha que não entendeu bem, porque nunca tinha tido contato com a morte, e o pai já era muito distante. Pouco tempo depois, os avós se separaram. Chamava o avô de pai, mas ele também era distante, intolerante e pouco afetivo.

Aos 11 anos foi morar com a mãe, que se casara novamente, mas o relacionamento continuava difícil, porque sua mãe, segundo ela, é nervosa, implica com tudo, interfere, briga por qualquer coisa. O padrasto tentava conciliar as coisas, mas foi embora quando Beatriz tinha 17 anos.

Quando estava terminando o Ensino Médio e namorando há quase um ano, engravidou. Nunca tinha tido contato com crianças, então foi ler, informar-se, conversava muito com a mãe do namorado. Sua mãe reagiu muito mal, não queria o bebê em sua casa; por isso, Beatriz foi morar na casa do namorado. Acha que foi sua única alternativa, e não uma escolha. Embora se sentisse muito bem tratada e tivesse um relacionamento bom com o namorado, não conseguia corresponder aos sentimentos dele. Depois que o bebê nasceu, acha que teve depressão puerperal. Durante quase um ano cuidava só do bebê, mas não se interessava por mais nada, ficava muito tempo na cama. Sentia-se sem perspectivas, não trabalhava nem estudava, porque precisava cuidar do bebê e dependia financeiramente de seu companheiro.

Quis ir morar em outro estado; lá passou um período mais tranquilo, e resolveu que queria mesmo se separar. Voltou para São Paulo, e tentou morar sozinha, voltou a estudar e trabalhar, mas não conseguiu se manter; tentou, por um período de cerca de três meses, deixar Bruno com o pai durante a semana, mas não aguentou ficar longe dele. Então, voltou a morar com sua mãe, com quem continuou tendo um relacionamento difícil.

Está namorando há dois anos, mas acha que ela e o namorado devem ter uma situação financeira estável antes de se casar, porque, se não der certo, cada um deve poder se manter. Acha que agora planeja mais sua vida, porque não pode pensar só em si mesma, tem que pensar no filho.

Considera-se uma pessoa um pouco insegura, que tem certa dificuldade de relacionamento e de se expor, e que precisa de terapia, mas está pensando primeiro nas necessidades de Bruno.

Bruno: A gravidez não foi planejada, mas, segundo a mãe, não houve dúvida em assumi-la. A mãe tinha 20 anos, e o pai, 18. A avó materna não aceitou a gravidez, e o casal foi morar com a avó paterna, que recebeu muito bem a mãe. O parto foi demorado, deixaram-na esperando no hospital, até que ela chamou um médico particular, que disse que já estava passando do tempo e fez cesariana. A mãe tinha medo de cirurgia, então ficou muito nervosa e teve que tomar anestesia geral. A criança nasceu bem, com tamanho e peso normais. A mãe diz que não tinha experiência de contato com crianças, mas acha que, instintivamente, não teve dificuldades para lidar com ele. Gostava de amamentar, mas o leite era insuficiente, e o bebê chorava de fome; precisou complementar com mamadeira, e, após um mês, ele recusou o aleitamento materno. Bruno andou com 11 meses, falou com quase 3 anos e até hoje troca algumas letras. O controle esfincteriano foi estabelecido também por volta dos 3 anos, quando começou a falar e pedir para ir ao banheiro. Ainda apresenta enurese noturna, mas raramente. Às vezes, dorme na cama da mãe.

Logo após a separação, por cerca de três meses, Bruno ficava com o pai durante a semana e com a mãe nos fins de semana, porque ela voltou a trabalhar e estudar e morava sozinha. Depois, foi morar com a mãe e a avó materna. O pai vinha buscá-lo nos fins de semana, mas aos poucos foi se afastando, e Bruno sente muito sua falta. Às vezes acorda chorando e chamando por ele. Se a avó paterna ou a mãe tentam falar com o pai sobre isso, ele fica nervoso e não aceita. Então, a mãe não sabe o que fazer; às vezes, diz à criança para cobrar o pai, às vezes, justifica que ele trabalha muito.

Bruno foi para a escola aos dois anos, inicialmente em período integral, mas a mãe achou que não estava sendo bem cuidado; então, o colocou em meio período e contratou uma babá. Ele sempre gostou da escola. Agora não está querendo ir, mas a mãe acha que é porque o tirou de uma escola da qual ele gostava, pois a mensalidade estava muito alta.

Tem um relacionamento muito bom com o namorado da mãe, com quem conversa e brinca, e a quem obedece mais do que a ela. A mãe acha que a avó materna o mima demais, deixa que ele faça o que quer e contraria suas ordens. Segundo a mãe, Bruno é uma criança carinhosa, mas é teimoso e malcriado.

Contato com a criança: Bruno mostrou-se interessado pelas coisas em seu redor e muito acessível ao contato. Aceitou prontamente meu convite para ir à sala de atendimento, e, lá dentro, interessou-se pelo material e o utilizou com espontaneidade. Respondeu a minhas perguntas, tomou iniciativa para brincar e para conversar e demonstrou capacidade de se adaptar aos limites da situação.

ANÁLISE DO CASO

Pais

A história dessa família se caracteriza por pais ausentes ou muito distantes. Os avós paternos de Bruno tiveram um relacionamento conflituoso, separaram-se, e o avô vive até hoje muito afastado. Os avós maternos também se separaram, o avô se mudou para longe e morreu quando a mãe de Bruno ainda era uma criança. Ela chamava seu avô materno de pai. Ele também se separou da esposa (bisavós de Bruno), e era uma figura distante. Beatriz teve ainda um relacionamento positivo com seu padrasto, que também se separou e se afastou. Assim, os pais de Bruno, como ele, não contaram com a presença constante de seus pais durante seu desenvolvimento, nem com figuras substitutas estáveis.

Pouco sabemos sobre o pai dessa criança. A mãe o considera uma boa pessoa, relata que ele sempre foi muito atencioso com ela e era muito ligado a Bruno durante sua primeira infância, mas se afastou e não admite que lhe cobrem maior proximidade e participação na vida da criança.

A mãe se considera insegura e "fechada". De fato, nas entrevistas ela falou pouco e seus relatos eram bastante sintéticos. Não pareceu que estivesse em uma postura defensiva relacionada especialmente àquela situação, mas sim que esse é seu modo habitual de se colocar. Tem um relacionamento difícil com sua própria mãe, mas acha que encontrou na avó o afeto de que precisava. Tem aspirações de crescimento pessoal e independência, até agora não concretizadas, mas está lutando por seus objetivos profissionais e financeiros, que foram interrompidos pela gravidez. Mostrou ser uma pessoa sensível, capaz de observar a si mesma e ao outro e de refletir. Admitiu suas dificuldades e denotou ser capaz de procurar e de aceitar ajuda, embora isso a faça se sentir um pouco diminuída. Demonstrou não se sentir segura nos relacionamentos amorosos e alguma preocupação em não ser financeiramente dependente, para não ficar presa ao outro, o que tem ocorrido até hoje.

Relação pais-criança

Há sinais claros de que a relação entre o pai e Bruno foi muito positiva durante os três primeiros anos e parece ser este, inclusive, o principal motivo pelo qual a criança sente tanta falta do pai. Foi, no entanto, uma relação de aproximações e afastamentos, em que, em períodos alternados, ele via o pai apenas nos finais de semana, ou passava toda a semana com ele. Não se conhecem os motivos do atual distanciamento, mas é evidente o sofrimento que isso tem trazido à criança.

A relação de Bruno com a mãe sempre se revestiu de muitos aspectos positivos, desde o início. Embora a gravidez tenha sido inesperada e não desejada, e ela não tenha recebido apoio de sua família, parece ter conseguido lidar bem com a situação, e estabeleceu com Bruno uma relação de afeto e atenção. Ela mesma diz que "foi instintivo". Sempre esteve atenta aos cuidados com ele, mesmo quando, no período pós-parto, sentia-se desanimada para cuidar de qualquer outra coisa. Embora a gravidez e o nascimento de Bruno tenham interrompido seus estudos, seu trabalho e seus projetos de maior independência, não demonstrou ter se sentido lesada por isso nem o culpou por suas perdas. Pelo contrário, tudo indica que usufruiu com prazer da maternidade, discriminou suas insatisfações pessoais da relação com o bebê e até agora acompanhou de perto seu crescimento, oferecendo-lhe condições favoráveis.

A principal dificuldade que a mãe trouxe foi não saber como ajudar Bruno na questão do distanciamento do pai. Ela mesma, durante sua infância e adolescência, sentiu muita falta de seu pai, e acha que ele se afastou por culpa de sua mãe. Como foi por sua própria iniciativa que se separou do pai de

Bruno, sente-se culpada pelo sofrimento do filho. Identifica-se, por um lado, com sua própria mãe, e teme que o filho a culpe e sinta por ela a raiva que ela sentia da própria mãe; por outro lado, identifica-se com o sofrimento da criança, que considera semelhante ao seu, mas, vendo-se como culpada pela separação, não se sente capaz de ajudá-lo. No entanto, permite que ele expresse seus sentimentos, tanto de tristeza quanto de raiva, fica a seu lado e o acolhe quando isso acontece, oferecendo a ele possibilidades de desenvolver outros relacionamentos significativos. A ajuda possível, portanto, está sendo fornecida, mas não elimina o sofrimento trazido pela perda que a criança vivencia.

Criança

Bruno é trazido para atendimento sem uma queixa específica; não há um sintoma ou um comportamento considerado desadaptativo ou inadequado, ou uma dificuldade que seja o motivo da procura. O fato de ele chorar ou ficar bravo com a falta do pai não é considerado, em si, inadequado ou injustificado. Portanto, a procura ocorre em função da preocupação da mãe com possíveis consequências negativas da situação que ele vive, a partir do afastamento do pai, e do sentimento de culpa dela própria.

O que se pode observar é que, em seu pouco tempo de vida, a criança passou por muitas mudanças: morou com os pais e a avó paterna, depois com a mãe em outro estado, vendo o pai só nos finais de semana, depois só com a mãe, com o pai e a avó paterna e, finalmente, com a mãe e a avó materna. Além disso, já passou por três escolas diferentes.

No contato com Bruno, observa-se que suas expectativas em relação às pessoas e às situações são bastante positivas. Talvez, até pareça um pouco confiante demais, e muito aberto, de imediato, ao contato com uma pessoa e com uma situação estranhas. É possível que isso resulte de uma experiência acumulada de ter que se adaptar a tantas situações diferentes. Parece que falta a Bruno aquilo que Erikson (1987) denomina "desconfiança protetora", necessária à adaptação.

Por outro lado, sua disposição receptiva e sua confiança no outro revelam que a regulação mútua mãe-criança, na primeira fase do desenvolvimento, atendeu a suas necessidades e permitiu que ele desenvolvesse o sentimento de esperança no outro e na vida; permitiu, também, o desenvolvimento de um equilíbrio entre dependência e independência: ele demonstra claramente quando necessita de ajuda, pede aquilo de que precisa e toma iniciativas quando é capaz.

Se considerarmos os aspectos relacionados ao segundo estágio do desenvolvimento – a etapa retentivo-eliminatória –, observamos que a criança demonstra claros sinais de autonomia: explora o ambiente, faz escolhas e toma iniciativa, manifestando sua vontade e aceitando os limites da situação, não sem antes os testar.

A possibilidade de viver suas necessidades de dependência e de manifestar sua insatisfação e sua raiva têm relação direta com o motivo pelo qual é trazido para o atendimento: em casa, Bruno reclama da falta do pai, chora e demonstra agressividade. No atendimento, trouxe prontamente o assunto que o incomoda. Consegue, assim, lutar pelo que quer e precisa, e estar em contato com seus sentimentos. Portanto, aquilo que para a mãe é motivo de preocupação é também um sinal de que o desenvolvimento está ocorrendo de forma satisfatória. Menos saudável seria se ele mostrasse postura passiva e conformada, se se fechasse em si mesmo ou, ainda pior, se se considerasse responsável pelo distanciamento do pai. Esse risco de uma interpretação autocentrada, sempre muito presente nas crianças, em função mesmo de sua visão egocêntrica do mundo, pode trazer fortes sentimentos de culpa e uma autoimagem muito depreciada. Não se observa, em Bruno, sinais de que isso possa estar ocorrendo. Ele se mostra confiante no outro e em si mesmo, utiliza seus recursos, é espontâneo em suas atividades.

Ele demonstra também, durante a observação lúdica, grande habilidade motora, capacidade de estabelecer objetivos e persegui-los, flexibilidade na escolha dos materiais, capacidade de simbolização e de utilização da imaginação e do espaço, nível de informação muito bom, capacidade de comunicação verbal e não verbal e de elaboração. Portanto, revela também o desenvolvimento adequado de capacidades relacionadas à terceira etapa do desenvolvimento, de acordo com o referencial de Erikson.

Em relação ao conteúdo de suas atividades, os temas centrais dizem respeito a aspectos dessa terceira fase: rivalidade e desejos um tanto onipotentes de ser grande e poderoso e de sobrepujar a figura paterna. Faz a maior espada que o material permite, a maior cobra, que é uma cobra-pai com a qual a cobra-filho se compara. Percebe, no entanto, e admite, com pesar, que a espada gigante é grande demais para que ele possa carregá-la, e que a cobra-pai é muito maior que a cobra-filho, mas que a cobra-filho vai crescer. Está, portanto, trabalhando com temas pertinentes a sua faixa etária: símbolos masculinos, competição, desejos onipotentes de poder e dados de realidade em relação a sua condição de criança.

CONCLUSÃO

Considerando-se o referencial adotado, é possível concluir que Bruno tem se desenvolvido de forma satisfatória e mostra evidências claras de ter sido bem sucedido na elaboração dos conflitos centrais das fases iniciais e de estar conseguindo elaborar satisfatoriamente as questões referentes ao período atual de seu desenvolvimento. Essa conclusão engloba o desenvolvimento em diferentes aspectos: emocional, intelectual e psicomotor. Conta, também, com provisão ambiental adequada para dar sequência a esse processo. A maior dificuldade que vive atualmente, relacionada ao afastamento do pai, tem provocado sofrimento, mas não tem tido, até agora, efeitos patogênicos. Assim, o abrandamento dessa dificuldade depende principalmente do ambiente: de o pai poder voltar a se aproximar dele ou de a mãe continuar auxiliando-o a viver a tristeza e a frustração provocadas por essa falta.

Portanto, não consideramos que seja necessário, nesse momento, o encaminhamento de Bruno para psicoterapia. Ele parece ter condições favoráveis para dar sequência a seu desenvolvimento, de forma satisfatória. No entanto, por se tratar de uma criança pequena, e pelo fato de sabermos o quanto o crescimento implica mudanças frequentes e necessidades constantes de adaptação, achamos aconselhável sugerir uma reavaliação no prazo de cerca de um ano, especialmente com finalidade preventiva. Consideramos que esse procedimento é desejável sempre que existam fatores que possam representar dificuldades futuras. Nesse caso, atentaríamos especialmente para a forma como a criança interpreta a ausência do pai.

Em relação ao ambiente familiar, embora ele tenha favorecido significativamente, até agora, o desenvolvimento da criança, nesse momento demanda alguma intervenção. Não foi possível, durante o breve período em que estivemos em contato com o caso, conseguir a vinda do pai. A própria mãe não se dispôs a tentar nem a aceitar que o fizéssemos, considerando que, no momento, isso só acirraria os desentendimentos entre eles e acentuaria o afastamento; optamos por respeitar sua posição. A ideia de um contato com ele, no entanto, pode permanecer e aguardar um momento mais favorável. A vinda do pai poderia permitir uma melhor compreensão sobre como ele está vivendo a situação, seus motivos para se distanciar da criança e a avaliação da possibilidade de alguma intervenção, no sentido de evitar a manutenção do padrão familiar de pais que se afastam da vida de seus filhos. Trabalhamos, no entanto, com o que foi possível no momento, o que não nos impede de manter abertas possibilidades futuras.

Em relação à mãe, esse atendimento incluiu algumas intervenções já durante as entrevistas iniciais, e principalmente na entrevista devolutiva. Foi possível mostrar a ela as semelhanças entre sua experiência e a de Bruno (em relação à falta do pai) e ressaltar suas possibilidades de ajudá-lo, não a eliminar o sofrimento, mas a vivê-lo e compartilhá-lo. Foi também apontado a ela o quanto o bom desenvolvimento da criança está relacionado com a forma como vem exercendo seu papel de mãe, com o intuito de favorecer que reconheça e tome posse de seus recursos e os utilize com mais confiança. Sua disponibilidade para ouvir e para refletir permitiu abordar esses aspectos já durante o diagnóstico, e eles puderam ser trabalhados sem que houvesse necessidade de um processo psicoterápico propriamente dito. Restam, no entanto, alguns pontos relevantes, que se constituem mais em questões pessoais do que da relação com a criança: a forma como Beatriz estabelece seus relacionamentos, em especial o relacionamento amoroso, e seus sentimentos de insegurança. Uma psicoterapia pessoal para ela nos pareceu a indicação mais adequada, e foi bem recebida.

CASO CLÍNICO 3 – CAROLINA

Idade: 7 anos e 8 meses.
Escolaridade: 2º ano do Ensino Fundamental.
Mãe: Carmem, 34 anos, comerciante, Ensino Médio incompleto.
Pai: Carlos, 35 anos, comerciante, Ensino Médio incompleto.

Obs.: A mãe trouxe o filho mais novo a todas as entrevistas, alegando não ter com quem deixá-lo. O pai compareceu apenas à entrevista devolutiva.

Queixa: Nas palavras da mãe, "parece que Carolina vive no mundo da lua, tem muita dificuldade para aprender e guardar as coisas, e acho que tem momentos de depressão, porque tem dias que está agitada, nervosa. Tem problema endocrinológico, mas acho que o problema maior é no cérebro, para guardar as coisas. É como eu, só que eu luto com isso, para manter as coisas dentro de mim, e, como ela ainda é criança, acho que não está sabendo lidar com essa dificuldade". Segundo o pai, ela é muito distraída, mas também a mãe é muito exigente. Acha que a criança está abaixo de suas expectativas, mas, por outro lado, ainda é criança, então está tudo bem.

A mãe traz um relatório da escola, com data de um ano atrás, que diz que a criança se apresenta muito dispersa e com muitas e rápidas oscilações de humor. Tem grande dificuldade para executar o que é solicitado, necessitando de atendimento individualizado da professora; é lenta e evita tentar fazer algo quando imagina que não vai conseguir. Na segunda entrevista, a mãe traz um encaminhamento com data atual, que diz que a criança é muito dispersa, necessita de atenção individual e de orientação da professora. Está alfabetizada, mas não consegue se organizar para realizar as tarefas.

Constelação familiar: A família é composta por pai, mãe, Carolina e seu irmão de quatro anos.

Histórico

Pai: Segundo a mãe, a família do pai é composta por pessoas agressivas e descontroladas, que falam alto e brigam muito, especialmente sua sogra. Acha que ela sempre interferiu em sua casa e na criação das crianças, e, desde a gravidez de Carolina, a faz passar muito nervoso, o que foi transmitido à criança, que até hoje não suporta a avó. Diz que a sogra é uma pessoa boa, mas tem problemas psicológicos, e que ela aprendeu, com o tempo, a enfrentá-la, já que no início ficava quieta. Quer que Carolina aprenda a enfrentá-la também. O pai, segundo a mãe, é muito agressivo na forma de falar. Tem um irmão e, quando criança, ele e o irmão foram tratados com anticonvulsivantes; então acha que ele também tem problemas. Acha que ele é muito rígido, grosseiro, e que Carolina não é afetuosa com ele. Quando conta as coisas para a mãe, pede para não contar para o pai. O pai se considera "meio estourado"; às vezes, bate na filha, porque não gosta que ela mexa em seus instrumentos de trabalho.

Os pais foram amigos durante dois ou três anos, depois começaram a namorar e, em pouco tempo, se casaram. Segundo a mãe, sempre se deram bem e os problemas familiares não interferiram no relacionamento. Trabalham juntos, em um pequeno comércio.

Obs.: Houve muita dificuldade para colher dados a respeito do pai, uma vez que a mãe retornava sempre aos problemas com a sogra ou à sua própria relação com a criança. Houve dificuldade também para o comparecimento do pai, que só veio à entrevista devolutiva, porque a mãe achava que, em razão do trabalho, só seria possível a vinda de um deles de cada vez. O pai, quando compareceu, não compartilhou dessa opinião, mostrando disponibilidade para vir, mas participando muito pouco da entrevista.

Mãe: A mãe é a filha mais velha e tem um irmão. Diz que em sua família é tudo calmo; por isso, sofreu muito quando começou a conviver com a família do marido, na qual são todos "estourados". Atualmente, sua mãe "tem muita depressão". Seu pai é calmo, mas o irmão é agressivo desde pequeno. Até hoje, quando fica agressivo, chega a quebrar tudo. Quando Carmem era criança, seu pai viajava muito a trabalho e era alcoolista. Sua mãe a tratava como confidente, mesmo para os assuntos mais íntimos, e esperava que ela a entendesse, inclusive quanto a suas necessidades sexuais. Sentia-se muito dividida entre atender a essa expectativa da mãe e a posição do pai. Então, por volta dos 15 anos, resolveu que não tinha nada com isso, que devia reconhecer e ser grata pelo que os pais tinham feito por ela, e que o mundo deles como marido e mulher era outro. Diz que, embora tenha ficado no meio desse jogo, passou por tudo calada, e isso não a atingiu. Acha que o relacionamento com sua mãe é saudável porque ela, até hoje, fala tudo abertamente.

Não terminou o Ensino Médio porque engravidou. Ia bem, mas até hoje não consegue reter o que aprende, tem que ficar lendo e "remoendo" muito, lutando contra isso. Embora ache que não tem interesse pelo curso que fazia, pretende um dia terminá-lo. Atualmente, trabalha com prestação de serviço, no período da tarde, em um pequeno comércio que tem com o marido.

Carolina: A mãe engravidou um ano após o casamento. Diz que queria a gravidez, mas também diz que queria ter mais tempo, queria voltar a estudar, mas, já que não podia tomar anticoncepcional, era melhor "deixar vir". Considera que passou uma gravidez muito conturbada, porque morava perto da sogra, que é uma pessoa muito agressiva e descontrolada, que interferia em seu relacionamento com o marido. Acha que passou para o bebê toda a tensão que sofreu, principalmente porque muitas vezes tinha que ficar quieta, para não piorar as coisas. Uma vez até se mordeu, de tão nervosa.

Durante a gestação, a mãe engordou muito e teve diabetes. O parto foi cesariano, "porque a criança evacuou". Quando saiu do hospital, a criança não evacuava. A mãe a levou de volta, estava "preta", segundo a mãe teve "eclampsia", e ficou internada por três dias.

Amamentou durante um ano. Diz que gostava, que sempre fez tudo com muito carinho, mas toda vez que ia amamentar sofria muita pressão, porque a sogra a irritava, então acha que transmitiu essa irritação para o bebê.

Aos seis meses, Carolina começou a apresentar pelos pubianos. Fez muitos exames e faz controle endocrinológico até hoje. A mãe acha que o problema é na tireoide, mas o médico não dá remédio, só controla para evitar que a menarca seja muito precoce. Faz o acompanhamento em um hospital-escola, e isso não está sendo bom para ela, porque é examinada por muitos médicos e residentes, e fica envergonhada. Pretende procurar outro local; de preferência, uma médica. A criança tem muitos pelos no corpo, como a mãe, e às vezes os colegas e a própria avó riem e comentam. A mãe acha que isso não traz consequências para a criança, porque a ensina a passar por cima dos problemas, e diz que sempre tem gente com dificuldades piores. Da mesma forma, diz-lhe que ela não pode ser muito sensível, para não sofrer.

Também a partir dos seis meses, a criança começou a apresentar alterações de humor, que ocorrem até hoje. Às vezes, já acorda irritada, e a mãe acha que deve deixá-la quieta, até que ela melhore. Já teve, segundo a mãe, dois "taquecardíaco". Não houve possibilidade de esclarecer essa informação, uma vez que a mãe repetia sempre a mesma frase, um tanto irritada.

Informa que a criança demorou muito para andar, o que ocorreu com um ano e meio. A mãe diz que já estava desesperada, mas acha que a demora ocorreu porque Carolina é muito insegura. Nessa época, foi realizado o treino esfincteriano, sem dificuldades. A criança sempre teve o intestino preso, e, às vezes, gritava quando ia evacuar. Retém a urina até doer; é preciso mandá-la ir ao banheiro. Acha que faz isso por preguiça. Foi para a escola aos dois anos e meio, na época do nascimento do irmão, porque a mãe achou que ela precisaria da companhia de outras crianças. Ficou doente, teve uma febre muito alta e uma convulsão, e pedia desculpas à mãe por lhe estar dando trabalho. Acha que ela pensou que a mãe a estava dando por causa do irmão; ela só voltou à escola com quatro anos, e aí não teve problemas para se adaptar.

Gosta de dormir com a mãe; tira o pai da cama, e, depois que ela dorme, ele a leva para a cama dela. A mãe deixa, porque quando era pequena tinha muita vontade de dormir com sua mãe, que não deixava, e ela pensava: "É tão gostoso dormir com ela, por que será que ela não gosta de dormir comigo?"

A mãe pediu à escola que colocasse a criança com uma professora bem rígida, porque acha que é bom para ela, que precisa ser pressionada para produzir. Gostaria que ela estudasse e se formasse em uma área que não exigisse muito estudo, uma coisa mais simples, porque ela não consegue gravar, e que também não exigisse muito emocionalmente, porque ela é muito sensível. Acha que ela tem um potencial muito grande, mas só o libera quando a encurralam contra a parede. Acha também que ela é criança, mas esperam que ela aja como adulta, e que ela deve ficar meio perdida, porque cada um da família lhe diz uma coisa; fazem uma coisa e lhe falam para fazer outra. A mãe diz que quer que Carolina faça tudo o que ela própria não conseguiu fazer, mas que a criança não se interessa por nada.

Contato com a criança: Carolina tentou, o tempo todo, mostrar-se muito comportada. Olhava muito para mim, com expressão preocupada, como sondando minha reação a cada coisa que fazia, e mostrava um sorriso estereotipado toda vez que nossos olhares se cruzavam. Nem seu comportamento, nem sua expressão, nem seu sorriso denotavam qualquer espontaneidade. Às vezes, tinha certa dificuldade para entender o que eu dizia; sobre o motivo de ter vindo, afirmou que, de repente, fica nervosa, mas não sabe o motivo, e então larga tudo o que está fazendo. Durante a observação lúdica, utilizou o espaço e o material de maneira bastante restrita: manteve-se todo o tempo sentada na cadeirinha e mexeu apenas nos bonecos (rapidamente), no papel, lápis e canetas hidrográficas e, já no final da sessão, na massa de modelar. Pedia sempre autorização para fazer as coisas, tocava nos objetos cuidadosamente e guardava tudo que utilizava no lugar de onde havia tirado.

A atitude de desconfiança que demonstrou em relação a mim e a expressão de medo quando me olhava se mostraram compatíveis com as ideias que surgiram em suas brincadeiras e nas histórias que contou: havia sempre uma figura onipresente de lobo mau, que atacava todos, os queimava, jogava na água e comia.

ANÁLISE DO CASO

Pais

A configuração familiar mostra figuras femininas ativas e dominadoras e figuras masculinas esmaecidas e ausentes. É assim na família de Carlos, em que seu pai nem sequer é citado, e sua mãe é descrita como agressiva e descontrolada e como alguém que interfere na vida de todos à sua volta. É assim também na família de Carmem, em que seu pai era ausente, sempre viajando a trabalho, alcoolista, não assumia o papel de marido, era traído e enganado. A mãe de Carmem tomava iniciativas e é sempre descrita como a figura central na família.

Em sua vida familiar atual, Carmem também parece ocupar todos os espaços, especialmente na vida das crianças, e o mesmo ocorreu no atendimento. O pai, embora descrito como agressivo e nervoso, colocou-se de lado e apresentou suas discordâncias de forma muito suave. Na verdade, permaneceu ausente a maior parte do tempo, mesmo na única vez em que esteve fisicamente presente na entrevista. Não se posiciona claramente nas desavenças entre as mulheres da família (Carmem e sua sogra), nem em relação à sua visão sobre Carolina.

A mãe denota grande preocupação com a forma como se mostra para o outro. Preocupa-se em falar de maneira correta, utilizando palavras difíceis, tenta explicar e justificar todas as situações e mostrar-se uma mãe e esposa dedicada, atenta e esforçada. Percebe-se, no entanto, uma grande distância entre essa forma de se colocar e seus sentimentos, que tenta manter sempre sob controle, seja negando-os, seja projetando-os no outro. Esse funcionamento pouco integrado resulta em uma série de afirmações contraditórias, às vezes na mesma frase, tanto em relação à forma como vê as situações como em relação a suas próprias atitudes.

Seu ambiente familiar parece ter sido bastante desfavorável, especialmente no que se refere à sua relação com sua mãe durante a infância. A mãe de Carmem, segundo ela relata, a utilizava como confidente e como depositária de suas próprias necessidades; não considerava as necessidades e possibilidades da criança e esperava que ela entendesse seus problemas. Desejava que ela silenciasse, não só sobre si mesma, mas sobre os segredos da mãe, e fosse sua cúmplice na relação com o pai. Ao que tudo indica, desde a infância Carmem precisou se afastar de seus próprios sentimentos, distanciando-os de seus recursos cognitivos, os quais tenta utilizar para se adaptar às situações. Utiliza-se muito da racionalização e da negação do afeto quando tenta explicar as situações, mas suas explicações são, com frequência, incoerentes e inconsistentes. Por outro lado, projeta intensamente no ambiente os sentimentos que não aceita em si mesma, especialmente a agressividade.

Demonstra grande dificuldade de se ver sozinha, ou como parte de um casal: dorme com a filha, nunca veio sozinha a uma entrevista, sempre trouxe o filho mais novo, considerou sempre que não seria possível vir junto com o marido (do que ele discordou), e, quando veio com ele, trouxe novamente o filho mais novo; solicitou que a sogra fosse convidada a vir junto com o casal. Isso parece ter relação com uma precária delimitação da própria identidade. Tendo sido utilizada como depositário das necessidades da mãe, não teve seu próprio espaço e não pôde estabelecer claramente a própria identidade. As tentativas de se afirmar utilizando os recursos intelectuais não são bem sucedidas: tenta se colocar sempre como a que sabe mais, a que ensina aos filhos e ao marido, a que entende os termos médicos, mas, na verdade, sente-se incapaz, "não consegue manter as coisas dentro de si", interpreta cada dificuldade da filha como um sinal de sua própria incompetência e tem muitas ambições intelectuais não realizadas.

Está sempre se justificando e reafirmando seus esforços, numa demonstração de que espera ser cobrada e criticada pelo outro; isso interfere nas relações que estabelece, já que, por vezes, tem dificuldade de ouvir o que lhe é dito, porque a isso se sobrepõe sua necessidade de reafirmar suas ideias e explicações.

Relação pais-criança

O motivo pelo qual a mãe trouxe a criança para o atendimento já revela um ponto de identificação entre elas: a criança "não consegue reter, manter as coisas dentro de si", da mesma forma que a mãe. Por outro lado, tem comportamento agressivo, o que, segundo Carmem, caracteriza as reações da família do pai. Assim, desde o início do atendimento, vai se desenhando a forma como a mãe se relaciona com a criança: esta é, ao mesmo tempo, depositária de seus desejos e aspirações, e também dos aspectos negativos que a mãe não aceita em si mesma. As afirmações que ela faz sobre a criança são muitas vezes incoerentes. Relata que a gravidez foi desejada, mas, ao mesmo tempo, que não a queria, mas não que teve outra alternativa. Afirma que a criança vai bem na escola e que, assim que puder, quer colocá-la em outras atividades, porque ela gosta, e, ao mesmo tempo, que ela vai mal na escola e não se interessa por nada. Que ela tem muito potencial, mas que gostaria que ela escolhesse algo bem simples para fazer no futuro, que não exigisse muito dela, porque ela não consegue. Que não exige muito da criança, deixa que ela faça o que quer, e, ao mesmo tempo, que exige muito dela, em tudo, porque sua própria mãe foi assim com ela, e foi bom.

Na verdade, a mãe parece oscilar entre seu desejo de "consertar" a criança e, ao mesmo tempo, a si mesma – levando-a a vários médicos e fazendo várias tentativas de conseguir atendimento psicológico, solicitando uma professora exigente e sendo, ela mesma, muito exigente –, e seu desejo de vê-la como a realizadora de suas aspirações, a que vai compensá-la de suas frustrações e insatisfações. Assim, afirma: "Eu não sou feliz; queria fazer tanta coisa, e não consigo! Quero que ela seja feliz, me realizo em cima dos meus filhos, ensino eles. Tudo que eu não consegui fazer, quero que ela faça."

A intensa projeção de aspectos da mãe na criança leva a uma precária discriminação de identidades, em que os desejos e sentimentos da filha têm que ser os da mãe, cujas aspirações ela deve realizar. Assim, Carolina não tem espaço para ver acolhidas suas dificuldades, seus sentimentos de raiva e frustração, sua insegurança ou medo. A mãe afirma: "Quando ela tem alguma dificuldade, faço ela sair; digo que, se todo mundo pode, ela também pode".

Criança

A principal impressão que Carolina causa é a de uma criança assustada. Seu olhar e seu sorriso sugerem que teme não ser aceita, teme ser criticada ou repreendida. Mas, quando fala, demonstra que o medo é muito maior. Suas ideias são frequentemente aterrorizantes, com medo de ser atacada por figuras perigosas, como o lobo mau, que queima e come, ou por problemas no coração, que matam, ou por comida velha e estragada, que provoca problemas no coração. As relações familiares são sempre descritas como muito agressivas, os pais sempre batem e brigam, assim como a professora. As únicas relações positivas que cita são as que mantém com os amigos da escola, com quem gosta de brincar.

Sua produção é bastante concreta, muito pouco elaborada, e o pensamento, muitas vezes, carece de lógica. As ideias são repetitivas, povoadas de morte e perseguição. A vida é um ciclo que se repete incessantemente, em que os pais morrem quando os filhos crescem e namoram, e estes têm outros filhos, que crescem, e então os pais morrem, e assim por diante. A família nunca está unida. Um dos pais sempre está ausente ou é eliminado, e, com o que está presente, a relação é agressiva.

CONCLUSÃO

A partir do referencial da teoria de Erikson, pode-se observar, nessa criança, a presença de dificuldades relacionadas às diferentes fases do desenvolvimento que compõem o período da infância. Ela mostra uma expectativa negativa e amedrontadora em relação ao outro, que lhe exige um grande esforço para se mostrar da forma que ela supõe adequada, o que inibe a espontaneidade e a imaginação. Esta última fica ainda mais inibida porque está povoada de ideias aterrorizantes. Assim, a relação com o outro é marcada por um temor intenso e difuso, que provoca retraimento e que revela falhas no desenvolvimento do sentimento de confiança básica. Essas características, associadas às características que são observadas na mãe, sugerem a hipótese de que a regulação mútua entre ela e a criança, no início de seu desenvolvimento, foi muito comprometida, uma vez que a mãe precisou utilizar a criança como depositário de suas fantasias agressivas e aterrorizantes e de seus sentimentos ambivalentes e pouco integrados. Isso gerou uma pobre discriminação de identidades, que interferiu na resolução dos conflitos da fase seguinte, não possibilitando à criança condições para o desenvolvimento de uma certa autonomia. As possibilidades de reter e liberar se encontram prejudicadas, também porque as ideias em relação à agressividade estão muito ligadas a descontrole e destrutividade. Assim, Carolina precisa exercer um intenso controle sobre o que manifesta, e isso limita intensamente suas possibilidades de explorar o ambiente, ter iniciativa e expressar sua vontade. Podem-se observar claramente esses aspectos no contato com ela, quando ela se restringe muito, tanto na utilização do espaço físico quanto na escolha dos materiais e no relacionamento. Seu temor faz com que, durante todo o tempo, precise se controlar e me controlar, empobrecendo sobremaneira sua produção.

A capacidade dos pais de conceder independência, gradualmente, está bastante prejudicada. Isso está ligado aos receios da mãe em relação ao que é capaz de realizar como pessoa e como mãe, à precária discriminação de identidades e às dificuldades do pai de se inserir nessa relação e de ser mais presente. Assim, estabeleceram sobre Carolina (a mãe, especialmente) um controle rígido e prematuro, que não permite a ela uma adaptação equilibrada.

A criança não consegue brincar de forma espontânea e criativa, utilizar sua imaginação e sua fantasia e ampliar suas possibilidades de comunicação e de relacionamento; não pode desenvolver objetivos próprios nem canalizar construtivamente suas energias. A produção está muito empobrecida, carecendo de lógica e de elaboração.

Tendo que reter coisas demais dentro de si, Carolina tem grande dificuldade de assimilar conhecimentos e de liberar ideias. Assim, a adaptação à escolarização formal está também prejudicada, não especificamente por uma dificuldade de aprendizagem, mas por prejuízos muito mais precoces, que interferiram no desenvolvimento das capacidades e dos recursos necessários para o processo de aprendizagem escolar.

As queixas trazidas pela mãe, de agitação e nervosismo sem motivo visível, de grandes oscilações de humor e de dificuldades de aprendizagem, relacionam-se a um elevado nível de ansiedade difusa e a um prejuízo mais amplo no desenvolvimento. Enredada nas ambivalências e contradições de sua mãe, desde antes de seu nascimento, não podendo compreender uma série de situações assustadoras que se passaram e se passam com ela (um possível problema cardíaco, os exames na região genital feitos por vários grupos de residentes em Medicina), e vivendo muitas vezes os relacionamentos como ameaças de ataques mortais, ela retém tudo o que pode – as fezes, a urina, a agressividade, a fantasia –, e se vê asfixiada por expectativas e exigências às quais não consegue corresponder. Espera uma reação negativa e punitiva do ambiente, mas nunca sabe quando ela vem ou não; então, está sempre alerta.

Portanto, o caso não permite a identificação de um conflito central, mas sim de um prejuízo mais amplo, que compromete várias áreas de funcionamento e o processo de desenvolvimento. Além disso, as tentativas de intervenção realizadas na entrevista devolutiva confirmaram uma disponibilidade para mudança, por parte da mãe, muito limitada. Qualquer constatação de dificuldade da criança reforça seu sentimento de insuficiência e seu medo de ser cobrada e criticada, o que, por sua vez, faz com que ela aumente suas exigências em relação a Carolina. Dessa forma, a ausência de áreas conflitivas circunscritas e as características da transferência indicam que a psicoterapia breve não é a forma indicada de trabalho para esse caso, e que ela poderia, inclusive, trazer riscos de acirrar os conflitos ou acentuar os mecanismos defensivos pouco adaptativos, como a negação, a racionalização e a projeção.

Por outro lado, a mãe tem procurado insistentemente por atendimento para a criança, e interpretado como incompreensão ou rejeição todos os insucessos nessa procura. Assim, o simples encaminhamento da criança para psicoterapia de longo prazo, modalidade teoricamente mais indicada nessa situação, a nosso ver, tenderia a ser interpretado como mais uma experiência de não ser compreendida e atendida em suas necessidades. Nossa indicação, então, seria para o que Proskauer (1971) denomina "*trial of therapy*", uma intervenção breve com o objetivo de sensibilizar para a necessidade de um atendimento de longo prazo, no sentido de melhorar as possibilidades de ele ser aceito e realizado. Deveria permanecer, como um objetivo adicional, o encaminhamento da mãe para uma psicoterapia pessoal.

Em relação ao planejamento do processo breve, temos:

FOCO: as características do caso não permitem delimitar uma área conflitiva específica para a criança. Constata-se um prejuízo mais amplo no processo de desenvolvimento, que atinge múltiplas áreas do funcionamento. Para a mãe, poderiam ser considerados como foco seus sentimentos de insuficiência para desempenhar o papel de mãe e os consequentes sentimentos de culpa, exacerbados pela constatação das dificuldades da criança.

OBJETIVOS: favorecer a aceitação da existência de dificuldades importantes, tanto da criança quanto dos pais, e sensibilizá-los para a necessidade de que a criança receba atendimento psicoterápico de longo prazo. Como já apontado, considerar também como objetivo a possibilidade de a mãe aceitar uma psicoterapia pessoal. Como se vê, trata-se de objetivos bastante limitados, especialmente se considerarmos as necessidades do caso. No entanto, é o que se mostra possível em um breve período.

ESTRATÉGIA: considera-se prioritário, nesse processo inicial, o atendimento aos pais, especialmente à mãe. Em relação às intervenções, é importante que incluam atitudes de aceitação e acolhimento, e visem à diminuição dos sentimentos de culpa e ao reconhecimento das graves dificuldades pelas quais passou em sua história de vida. Ainda, é necessário tentar enfraquecer a relação entre a aceitação da existência de dificuldades e a confirmação dos sentimentos de incapacidade e insuficiência. Quanto à criança, podem ser planejadas algumas sessões, com o intuito tanto de acolher a demanda da mãe quanto de propiciar a Carolina uma experiência de contato que não confirme suas expectativas negativas.

DIFICULDADES PREVISTAS: muitas dificuldades, em especial com a mãe, para o estabelecimento de uma aliança terapêutica e para a consecução dos objetivos acima, em virtude de suas características, de seu intenso esquema defensivo e da intensidade das angústias subjacentes.

PROGNÓSTICO: consideramos que há muitas reservas quanto ao prognóstico, uma vez que, por um lado, os prejuízos no processo de desenvolvimento são importantes, e, por outro, há restrita disponibilidade para mudança e dificuldades para se estabelecer uma aliança terapêutica.

CASO CLÍNICO 4 – DENISE

Idade: 8 anos e 3 meses.

Escolaridade: 4º ano do Ensino Fundamental.

Mãe: Deise, 29 anos, comerciária, Ensino Médio completo.

Pai: Danilo, 27 anos, operário especializado, Ensino Fundamental II incompleto.

Queixa: Nas palavras da mãe: “Não tem bom aproveitamento na escola, briga muito com os irmãos e os primos e faz cocô e xixi na calça, o que é o pior”. Escreve e lê com dificuldade, tem sempre que fazer aulas de reforço e se mostra desinteressada. Não faz amigos com facilidade, briga com outras crianças, na família e na escola, e enfrenta a mãe e a avó desde pequena. A enurese e a encoprese diurnas tiveram início após os três anos, depois do controle já estabelecido, e a mãe não sabe a que atribuí-las. Os episódios de descontrole ocorrem várias vezes ao dia, quando solta pequenas quantidades de fezes e urina. Fica cheirando mal, e a mãe tem que mandá-la tomar banho. Atualmente está se preocupando um pouco mais com isso, e vai sozinha tomar banho, três ou quatro vezes por dia, principalmente porque os amigos e familiares debocham dela e a criticam.

Constelação familiar: A criança mora com a mãe, dois irmãos mais velhos e a avó materna. As tias maternas e primos moram ao lado. Os pais são separados, e ela tem um meio-irmão, por parte de pai, de três anos.

Histórico

Pai: O pai não compareceu a nenhuma entrevista, e os dados sobre ele foram fornecidos pela mãe. Ela relata que pensou em convidá-lo a vir, mas concluiu que, uma vez que ele não demonstra interesse pelos filhos, não adiantaria fazê-lo. Na opinião da mãe, Danilo foi muito mimado em sua família de origem, especialmente por sua mãe, que lhe dava tudo o que ele queria. Ele foi filho único por muito tempo, e tem apenas um irmão bem mais novo. A mãe de Danilo dizia que queria ter um marido igual a ele, e que seu marido era "um saco de batatas". Enquanto Danilo e Deise viveram juntos, ele teve vários relacionamentos extraconjugais, e o casal se separou algumas vezes, até que, há três anos, ele saiu de casa definitivamente. Já está com a quarta companheira após a separação. Vê pouco os filhos, quando vai à casa de sua mãe e eles estão lá, e não dá a eles nenhuma ajuda financeira.

Mãe: Acha que sua infância foi muito ruim. Seu pai foi embora antes de seu nascimento, e nunca ajudou em nada, e a família de sua mãe reclamava e os humilhava por ter que ajudá-los. A mãe de Deise criou sozinha suas três filhas, trabalhando muito, apesar de ter problemas de saúde, e conseguiu que todas concluíssem o Ensino Médio. Deise a considera uma pessoa "muito seca e fechada", que nunca foi carinhosa, interferiu muito em sua vida e a criticou muito. Sempre sentiu muita falta de carinho da mãe, mas agora acha que está parecida com ela, pois também está mais fechada com seus filhos. Durante sua infância viu o pai algumas vezes, mas ele nunca participou ou se interessou pela família, nem em fazer algo pelos filhos. Deise nunca trabalhou, quando solteira, e continuou estudando depois que os dois primeiros filhos nasceram. Começou a trabalhar há pouco tempo, depois que as crianças cresceram, e teve alguns empregos informais, por pouco tempo. Prefere trabalhar à noite, para poder ficar com os filhos durante o dia. Gostaria de reconstruir sua vida e encontrar um novo companheiro, mas nem sua mãe nem seus filhos aceitam a ideia, e agridem verbalmente qualquer homem com quem ela esteja conversando.

Pais: Os pais de Denise viveram juntos por dez anos, e tiveram três filhos e uma convivência sempre muito difícil. Namoravam há alguns meses quando a mãe engravidou pela primeira vez. Moraram alternadamente na casa dos pais dele e da mãe dela, e tiveram os dois primeiros filhos. O pai sempre mantinha relacionamentos extraconjugais, o que gerava muitas brigas, com agressões físicas mútuas e alguns períodos de separação. Só foram morar sozinhos quando a mãe engravidou pela terceira vez, de Denise. Segundo a mãe, esse foi um período muito difícil, porque o pai logo se envolveu com outra mulher, e a deixava muito tempo sozinha, o que gerou muitas brigas e agressões. Aos sete meses de gravidez, Deise voltou para a casa de sua mãe. O pai se uniu a outra mulher, com quem teve um filho, e logo se separou dela. Quando Denise tinha cerca de seis meses, seus pais voltaram a viver juntos, e se separaram quando ela tinha cinco anos. Durante esse período, a convivência continuou marcada por brigas e agressões mútuas, presenciadas pelos filhos. Após a separação mantiveram um relacionamento amigável por certo tempo, mas atualmente quase não se falam, a não ser para brigar.

Irmãos: O irmão mais velho é muito fechado. Segundo a mãe, já recebeu o diagnóstico de depressivo, porque se mordia, batia a cabeça na parede e era sonâmbulo. Foi medicado, mas a mãe parou de dar o remédio, porque achava que fazia muito mal a ele. Não apresenta mais esses sintomas, mas ainda é muito nervoso. O irmão mais novo tem uma deficiência em uma das mãos, de origem genética. Esse dado surgiu por acaso, no último momento da última entrevista, e a mãe não pareceu dar importância a ele, porque acha que a criança "se vira perfeitamente". Só fica aborrecido quando o chamam de "aleijado". Ele nunca recebeu nenhuma assistência especializada para o problema. Ambos os irmãos fazem acompanhamento endocrinológico para obesidade.

Denise: A gravidez não foi desejada, segundo a mãe, porque o relacionamento do casal era muito conflituoso e estavam separados. Pensou então em abortar, mas o pai resolveu alugar uma casa para que, pela primeira vez, a família morasse sozinha. Quando a criança nasceu, no entanto, a mãe já voltara para a casa da avó materna, como foi exposto. O parto foi cesariano, aos oito meses de gestação, e a criança nasceu bem, mas a mãe se considerava em uma situação muito difícil. O pai só viu o bebê em casa, e o registrou apenas por insistência da mãe. Com poucos meses de vida, Denise teve uma convulsão, ficou cianótica e demorou para retomar a consciência, o que só ocorreu no pronto-socorro. O médico disse que era por causa de febre, mas, segundo a mãe, ela não estava com febre. Mamou até os quatro meses, andou com dez meses e adquiriu controle esfincteriano com pouco mais de um ano. Tem enurese noturna até hoje, embora atualmente com menor frequência, e, como já foi relatado, enurese e encoprese diurnas. Segundo a mãe, seu desenvolvimento foi normal, sem nada que lhe despertasse preocupação. Entrou na escola com quatro anos, e no início ia bem, mas, na pré-escola, começou a apresentar dificuldades. No 2º ano teve uma professora muito brava, que gritava e ameaçava as crianças, e não aprendeu nada. Na opinião da mãe, mostra-se preguiçosa e desinteressada, e só faz as tarefas por sua insistência. Vai à escola pela manhã, período em que a mãe está dormindo. Quando volta, geralmente não quer almoçar, e come um lanche. Desde pequena é teimosa e enfrenta a mãe e a avó. Briga muito com outras crianças, tanto na escola quanto na família e vizinhança, dizendo que mexem com ela e pegam suas coisas. Não obedece, mexe em tudo, tira as coisas do lugar e quebra objetos. A mãe, em relação a isso, não faz nada, porque acha que não adianta. Quando faz coisas que a mãe considera mais graves, como bater nos outros, a mãe bate nela e a põe de castigo. Sentiu muito quando o pai saiu de casa. Atualmente não admite que falem mal dele e, quando o vê, é muito carinhosa. No entanto, se lhe pedir algo e ele não der, fica brava e não fala mais com ele.

Contato com a criança: A primeira impressão que tive de Denise foi um tanto vaga, e demorei um pouco a começar a definir sua expressão, que não parecia nem tímida, nem assustada, nem interessada ou disponível. Ela tinha um certo ar de enfado, levemente arrogante, e um tanto questionador, mas nada muito explícito. Quando começamos a conversar, ela trouxe imediatamente o assunto da encoprese e chorou, reclamando que, por causa disso, brigam com ela, riem dela e a rejeitam. Duas coisas me chamaram a atenção: a rapidez com que, por iniciativa própria, abordou assunto tão delicado e o fato de seu choro não transmitir uma impressão de tristeza legítima. Tinha muitas reclamações a fazer: da avó, dos irmãos, das tias, dos primos, e considerava que seu comportamento era sempre uma reação às atitudes deles. De início, demonstrou desinteresse pelo material, e demorou a iniciar alguma atividade. Da mesma forma, não demonstrou boa vontade para atender às solicitações, mas nunca dizia um "não" explícito; adotava novamente aquele ar de enfado inicial, ou dava desculpas. Sua atividade não se mostrou espontânea, sempre pensava antes de falar ou fazer algo, e tinha muita dificuldade de criar e fantasiar. Não se empenhava nas atividades, mostrava-se um tanto dispersa e lenta, e constantemente tinha algum pedido a fazer.

ANÁLISE DO CASO

Pais

Não foi possível analisar as características do pai, em razão de sua ausência. Temos apenas as informações trazidas pela mãe, que, como se sabe, refletem a forma como ela o vê. De acordo com essas informações, o pai não assume responsabilidades, não se interessa pelos filhos e não colabora em nada na criação deles. Sempre teve muitos relacionamentos amorosos, mesmo enquanto vivia com a mãe, e, segundo ela, em virtude de ela não aceitar esse comportamento, viveram uma relação muito conflituosa, com constantes e mútuas agressões físicas.

A mãe relata sua própria infância como marcada pelo distanciamento afetivo, falta de carinho e atenção: seu pai a abandonou antes de seu nascimento, "para ir atrás de mulher", e sua mãe se ocupou em oferecer as condições materiais e os estudos, mas era "fria e distante". É muito provável que isso tenha contribuído para o sentimento de insuficiência e de fragilidade que Deise demonstra, que faz que não se sinta capaz de dar conta de tantos problemas e de organizar sua vida de forma que lhe seja mais satisfatória. Conseguiu estudar além do que imaginava, mas sua vida profissional é quase inexistente: empregos instáveis ou informais, por breves períodos, que a deixam submetida à necessidade de receber ajuda dos familiares. Encontrou um companheiro que, como seu pai, "a abandonava para ir atrás de mulheres", e se sentia submetida a ele, dizendo que fazia qualquer coisa para permanecerem juntos. Sente-se ainda submetida à sua mãe, que a ajuda a se sustentar e a cuidar dos filhos, mas interfere muito em sua vida e "tira sua autoridade". Vários outros membros da família moram muito perto (irmãs, cunhados, sobrinhos, sogra), e relata um relacionamento muito hostil, cheio de críticas mútuas, em que se sente muitas vezes ridicularizada por ter necessidades e dificuldades, o mesmo ocorrendo com seus filhos. Como mãe, denota também sentimentos de insuficiência e de fragilidade, que a impedem de estabelecer regras e limites e definir claramente os papéis de cada um. Além disso, acha-se prejudicada pelas intromissões de sua mãe e pelo descompromisso do pai das crianças.

Sente-se insegura e submetida às circunstâncias externas e às atitudes do outro. Sente que realiza um grande esforço, e que está sobrecarregada de tarefas e responsabilidades. No entanto, observa-se que tem dificuldades em assumir obrigações, em ter certa disciplina e em se encarregar de fato das situações de seu dia a dia. O mesmo ocorreu em relação ao atendimento: embora o valorizasse e reconhecesse sua necessidade e a dificuldade que teve em conseguir atendimento gratuito em outros locais, e fizesse um grande esforço para vir, em função da distância de sua casa, faltou à primeira entrevista, sem avisar, e chegou muito atrasada à segunda, porque estava com sono, em razão de seu horário de trabalho. Também não parece se colocar em relação aos outros de maneira tão submissa quanto imagina: mesmo com o ex-marido, reconhece que várias vezes era ela quem iniciava as agressões físicas.

Relação mãe-criança

Mãe e filha se mostram muito parecidas: ambas têm a mesma expressão aborrecida e queixosa, um ar de cansaço e de desinteresse. Ambas sentem que os outros não as compreendem e não as ajudam o suficiente, mas não manifestam claramente insatisfação e não lutam pelo que querem. Tentam mobilizar o outro para satisfazê-las, ora por meio de atitudes sedutoras, ora assumindo uma postura de muita fragilidade. Ambas tiveram histórias de vida parecidas: foram abandonadas pelos pais, não sentem a mãe como uma figura provedora e afetuosa. Também, ambas produzem pouco, não se empenham e não persistem em objetivos; na verdade, parecem nem ter clareza de seus objetivos.

Entre si, estabelecem uma relação de certa igualdade: a mãe não se coloca no papel de autoridade, tem dificuldade para estabelecer limites, faz poucas exigências e não se sente com forças para reagir quando não é atendida. A filha não a confronta diretamente, dá a impressão de aceitar as ordens, mas, por trás, faz o que quer, e se utiliza de sua condição de caçula e de única menina para conseguir algumas vantagens.

A mãe descreve a própria infância com um termo utilizado popularmente para designar as fezes. No entanto, para a filha, acabou repetindo as condições que teve: um pai que abandona para "ir atrás de mulheres", uma mãe um tanto distante, familiares que criticam e ridicularizam. Significativamente, é também por meio das fezes que a criança consegue uma atenção extra, mesmo que negativa.

Criança

Denise não demonstra ter uma expectativa favorável em relação ao outro e às situações e, durante todo o tempo, tenta manter sob controle o outro e a si mesma, como se nunca pudesse se expor verdadeiramente. Assim, não se mostra espontânea e é um tanto sedutora e teatral, preocupada em fazer elogios e em dar ou prometer presentes, o que sugere um esforço para conseguir o que quer por vias indiretas. Aproxima-se aos poucos das situações, demonstrando um desinteresse inicial, que não se mantém.

Como não imagina a possibilidade de continência para aspectos que supõe inaceitáveis, projeta nos outros a agressividade, a desobediência e o descontrole. Além da projeção, utiliza-se da negação, demonstrando uma estrutura defensiva frágil e pouco adaptativa.

Tem grande dificuldade de utilizar a imaginação, de criar e fantasiar, estando muito presa aos dados concretos de seu dia a dia. Sua produção é pouco organizada e muito pouco elaborada, revelando-se por vezes confusa.

Para evitar se aproximar de seus sentimentos faz grande esforço e gasta muita energia. Assim, a agressividade é negada, projetada ou dissimulada em uma atitude veladamente crítica; a desconfiança é transformada em elogios e tentativas de agradar; a dificuldade de relacionamento, em seu oposto, vangloriando-se por ser muito procurada pelas amigas; e as dificuldades cognitivas e a insegurança aparecem como desinteresse e cansaço.

Realiza as tarefas com pouco empenho e interesse, tanto porque não parece disposta a muito esforço quanto para evitar se arriscar, já que tem muitas dúvidas sobre as próprias capacidades, mas evita demonstrá-las.

Denota voracidade e desejo de atenção exclusiva, dificuldade de esperar, de aceitar limites e de dividir, mas evita competir e confrontar a autoridade diretamente, tentando conseguir o que quer de maneira indireta ou disfarçada. Tenta se colocar em igualdade de condições com a figura materna, negando as diferenças e a própria frustração. Não percebe as figuras parentais como provedoras, nem como referenciais de segurança, e sente as relações afetivas como superficiais e instáveis. Imagina que precisa sempre tentar agradar o outro para ser aceita; mas, com essa atitude, não se sente verdadeiramente aceita, uma vez que não demonstra seus sentimentos verdadeiros.

Tem sentimentos muito ambivalentes em relação à figura paterna: por um lado, a idealiza; por outro, a vê como muito agressiva e ameaçadora, e precisa se esforçar para evitar a agressão e conquistar alguma atenção.

O controle exacerbado e ineficiente que tenta exercer sobre seus sentimentos e a agressividade que tenta disfarçar acabam se revelando por meio de um sintoma – a encoprese –, que, por um lado, lhe traz uma atenção negativa e, por outro, reforça o sentimento de rejeição e inadequação.

Tomando o referencial da teoria de Erikson, vemos que Denise apresenta dificuldades ligadas a várias fases do desenvolvimento. Essas dificuldades, no entanto, não ocorreram com gravidade que impedisse a organização de uma estrutura com características neuróticas. O contato com a realidade está mantido, assim como a capacidade de relacionamento, embora com prejuízos. Em relação aos aspectos ligados à primeira fase do desenvolvimento, apesar da presença de certa desconfiança em relação ao outro, sua intensidade não impede que estabeleça contato, e parece mais a expressão da desconfiança protetora necessária à adaptação, aumentada pelas exigências de um ambiente pouco acolhedor. Parece, no entanto, ter recebido as condições básicas necessárias para não ter distúrbios graves na relação dependência-independência. Mas a dependência não é vivida com tranquilidade, e a receptividade da família em relação a ela é limitada e acompanhada de muitas críticas e depreciação.

As dificuldades relacionadas à fase retentivo-eliminatória se mostram mais importantes, ligando-se, inclusive, ao principal sintoma. Pouco tolerante à frustração e aos limites – para o que colaborou uma mãe que se sente frágil e insuficiente – e, ao mesmo tempo, não encontrando continência para manifestar e elaborar a própria agressividade, evidencia sentimentos de inferioridade e uma tendência a tentar levar vantagem às escondidas. Tenta controlar o outro e a si mesma para conseguir o que quer, o que inibe sua espontaneidade e criatividade. Como consequência, não desenvolveu adequadamente a capacidade para o brincar criativo e para o uso da imaginação e da fantasia, mantendo-se presa à realidade concreta e sofrendo uma limitação em sua produção intelectual. Essas últimas características se referem já a aspectos ligados à terceira etapa do desenvolvimento.

Assim, não consegue enfrentar de forma mais adaptativa os sentimentos de ciúme e rivalidade, uma vez que se sente inferiorizada, e o leque de relacionamentos significativos não pôde ser ampliado. Não parece ter desenvolvido condições adequadas para enfrentar a idade escolar – quarta etapa do desenvolvimento –, uma vez que não desenvolveu disciplina, capacidade de assumir obrigações, de planejar e de trabalhar em grupo, que a preparariam para os desafios da escolarização formal. A forma como assume as tarefas e os resultados que obtém em suas realizações confirmam essas características.

CONCLUSÃO

Observa-se, nesse caso, dificuldades moderadas relacionadas à primeira fase do desenvolvimento, que fazem que, tanto para a mãe quanto para a criança, a dependência seja vivida com uma conotação de incapacidade, que gera insegurança e críticas do ambiente. De acordo com Erikson (1987), a importância de se desenvolver uma sólida confiança nessa fase inicial está também no fato de que essa confiança terá que, de certa forma, ser traída na fase seguinte, para que a criança possa tentar agir de acordo com a própria vontade, possa querer fazer tudo sozinha, tentando se expandir agressivamente. Nossa hipótese é de que estejam aqui, principalmente, as origens das dificuldades, tanto de Deise quanto de Denise. Os sentimentos de rejeição advindos da experiência de ter um pai que abandona e uma mãe afetivamente distante foram transformados, em parte, em sentimentos de inadequação e insuficiência, reforçados por um ambiente crítico e pouco acolhedor. Portanto, a dependência envolve riscos importantes e, a partir disso, torna-se muito arriscada qualquer tentativa de se expandir com o uso da agressividade, de tentar afirmar a própria vontade e lutar por ela, comprometendo a elaboração dos conflitos característicos da fase retentivo-eliminatória. A aparente passividade, a precária utilização dos próprios recursos, as tentativas de evitar situações de frustração reforçam a sensação de incapacidade e a necessidade de dependência, estabelecendo um círculo vicioso que limita o crescimento e a possibilidade de satisfação. A partir daí, os prejuízos nas fases subsequentes se mostram mais significativos, como já apontado, e atingem de forma muito semelhante a mãe e a criança.

A psicoterapia breve deve incluir, necessariamente, o atendimento a ambas, e consideramos que pode ser planejada como se segue.

Com a mãe

FOCO: sentimentos de insuficiência e fragilidade, que a impedem de utilizar, de forma mais ampla, os próprios recursos e de assumir, de forma mais plena, o papel de mãe.

OBJETIVOS: ajudá-la a rever a interpretação autocentrada, típica do funcionamento infantil, de que as situações de rejeição pelas quais passou se relacionam à sua própria insuficiência e incapacidade, visando a melhorar a autoimagem e a possibilidade de utilização mais ampla de seus recursos pessoais e a promover maior autonomia. Ajudá-la a estabelecer melhor discriminação entre ela mesma e a filha, e a assumir de forma mais ampla seu papel de mãe, inclusive com o estabelecimento de limites, regras e exigências. A necessidade de assumir suas funções maternas se estende também aos outros filhos que, ao que tudo indica, também necessitam de muitos cuidados. No entanto, parece precoce incluir nesse momento ainda outros objetivos, por mais importantes que eles sejam, e, a princípio, é mais realista esperar que, se for possível atingir o que for proposto, eles também possam ser beneficiados.

ESTRATÉGIAS: rever com a mãe sua história, favorecendo a compreensão da origem de suas dificuldades e, portanto, a discriminação entre ela e a filha; oferecer, na própria relação terapêutica, um modelo de relacionamento interpessoal mais amadurecido e menos crítico, no qual possa ver suas capacidades reconhecidas, assim como a possibilidade de utilizar construtivamente a própria agressividade.

Com a criança

FOCO: dificuldades para entrar em contato com os próprios sentimentos, para se expressar espontaneamente e para estabelecer relacionamentos significativos.

OBJETIVOS: favorecer a brincadeira espontânea e o uso da fantasia, em um enquadre que ofereça continência e limites claros; favorecer a expressão de sentimentos legítimos, em especial os relacionados à agressividade; trabalhar a tolerância à frustração e a autoimagem negativa.

ESTRATÉGIAS: intervenções de esclarecimento e que favoreçam a auto-observação e a expressão espontânea; acolhimento acompanhado de contenção da agressividade, por meio do estabelecimento e da manutenção de limites claros.

DIFICULDADES PREVISTAS: uma das principais dificuldades que se pode prever diz respeito à própria continuidade do trabalho, em vista do pouco empenho da mãe na busca de seus objetivos e da falta de disciplina que caracteriza seu comportamento. Muitas vezes, ela não tem conseguido se encarregar do cuidado com problemas importantes, como ocorre com as dificuldades de seus dois outros filhos. Além disso, na relação terapêutica, prevê-se que ela tenda a alimentar expectativas mágicas, de que as soluções lhe sejam oferecidas prontas.

PROGNÓSTICO: a mãe se mostrou disposta e interessada na proposta de trabalho, mas, em vista dos fatores já apontados, consideramos com reservas essa aparente disponibilidade. Ela reagiu bem, e foi especialmente sensível ao fato de se sentir valorizada na relação com o psicólogo, e isso pode representar um fator favorável, mas é difícil prever seu peso no contexto geral.

CASO CLÍNICO 5 - EWERTON

Idade: 9 anos e 2 meses.

Escolaridade: 3º ano do Ensino Fundamental.

Mãe: Edna, falecida há três anos, aos 27 anos, dona de casa, Ensino Fundamental I completo.

Pai: Edson, 34 anos, ajudante de serviços gerais, Ensino Fundamental I completo.

Obs.: Foram realizadas duas entrevistas com o pai e uma observação lúdica com a criança, na presença do pai. Estavam planejados outros atendimentos, mas eles deixaram de comparecer. Depois disso, não foi possível conseguir nenhum contato, uma vez que o pai não retornou nossos recados. Mesmo tendo sido um atendimento interrompido, optamos por apresentar aqui o caso, porque o material permite uma análise parcial que consideramos relevante para o presente estudo.

Queixa: Nas palavras do pai, "ele é uma criança meio perturbada. Parece que ficou revoltado depois da morte trágica da mãe e da irmã. Acho que abalou muito a mente dele. Tem dificuldade na escola, ainda não sabe ler e age como se fosse uma pessoa que tivesse algum distúrbio mental; às vezes, fala que a mãe vem dormir com ele, que de manhã lhe dá um beijo, que vai embora, e depois volta. Ele é meio revoltado, xinga, grita e tem mania de andar com coisas amarradas na cintura, pedaços de pau, qualquer coisa, e diz que são armas e que quer ser policial".

Constelação familiar: Tem uma meia-irmã por parte de mãe, de 11 anos, três irmãos de 10, 7 e 4 anos, além de uma irmã que faleceu aos 4 anos, há um ano e meio. Mora com o pai e o irmão de 10 anos. A avó paterna fica cerca de quinze dias por mês na casa.

Histórico

Pais: Quando os pais se conheceram e começaram a namorar, a mãe estava grávida de outro homem. Quando essa criança estava com 5 meses, Edson as levou para a casa de seus pais, até que a família da mãe aceitasse o relacionamento deles. Casaram-se alguns meses depois. Na época, professavam uma religião que não permitia evitar filhos, então tiveram cinco. O pai diz que seu sonho sempre foi ter uma família e, mesmo com as seis crianças, e só ele trabalhando, não passavam necessidades e tudo corria bem. Ele amava muito a esposa, e tinham bom relacionamento. Um dia, ao voltar do trabalho, ele não a encontrou. Procurou por ela até de madrugada, e, no dia seguinte, ela foi encontrada morta com um tiro, em uma construção abandonada perto de sua casa. Inicialmente, ele foi considerado suspeito, porque, segundo a polícia lhe informou, é comum que o marido seja o primeiro suspeito em assassinatos de mulheres, mas já no depoimento inicial essa hipótese foi descartada, e as investigações não levaram a nenhuma conclusão. Ele ficou muito perturbado, e não teve condições de contar às crianças o que tinha acontecido. Disse a elas que a mãe estava viajando, esperando que, com o tempo, elas se esquecessem um pouco da mãe, ou se acostumassem com sua falta. Só depois de três ou quatro semanas contou que ela tinha morrido e ido para o céu. Ficou em uma situação muito difícil, e só pensava em criar os filhos, que eram o que lhe tinha sobrado de bom; o mais novo tinha 1 ano e 2 meses, e a mãe ainda o amamentava quando morreu. O pai, então, pediu ajuda à sua própria mãe, que morava ao lado, e continuou trabalhando e cuidando das crianças.

Um ano e meio após a morte da esposa, sua única filha, então com 4 anos, desapareceu do quintal da casa. Moravam em um sítio, tinha muito mato e lagos. A polícia e os bombeiros procuraram a criança por quatro dias, até que resolveram encerrar as buscas. Quinze dias depois, seu cunhado, marido de sua irmã, foi preso e confessou o assassinato de sua filha e também o de sua esposa. Ele morava na casa ao lado, e Edson precisou ver todas as provas para acreditar que isso fosse verdade.

Cerca de um mês depois, muito assustado, mandou os filhos para a casa dos avós maternos, em outro estado, com medo de que algo lhes acontecesse. Ficou apenas com Ewerton, porque não aguentaria ficar sozinho. Não sabe explicar por que escolheu Ewerton para ficar com ele. Um ano depois, por sugestão de um parente, que observou que o menino estava muito sozinho e muito triste, trouxe o filho mais velho para morar com eles. Mudou de casa, para evitar ter muitas lembranças e para morar perto de outros familiares, que o ajudam, mas continua trabalhando no mesmo lugar.

Trabalha muito, só tem um dia de folga por semana, e acha que isso prejudica seu contato com os filhos, porque tem muito pouco tempo para ficar com eles. O emprego, porém, é seguro, está lá há muitos anos e, apesar de várias tentativas, não conseguiu arrumar outro que lhe exija menos tempo. Atualmente, ainda se sente muito abalado por tudo que aconteceu. Tem muita dor de estômago e, às vezes, fica muito irritado, mesmo no trabalho. Visita os filhos que não moram com ele a cada cinco ou seis meses, porque não tem condições financeiras de ir com mais frequência. Diz que, se pudesse, iria todos os dias. É muito difícil quando vai lá porque, na hora de voltar, todos choram, e ele não quer vir embora, mas sabe que lá eles estão seguros e são bem cuidados.

Só dois anos após a morte da esposa conseguiu contar às crianças o que realmente tinha ocorrido, e, até hoje, quase não fala nela. Acha que é melhor não despertar muitas lembranças nos filhos, porque isso os faria sofrer ainda mais. Também não consegue pensar em ter outro relacionamento amoroso, acha que ainda está muito ligado à esposa e muito preocupado com os filhos.

Criança: Segundo as informações do pai, o nascimento de Ewerton foi cercado de dificuldades. Quando a mãe foi para a maternidade, com contrações, deram-lhe uma medicação que interrompeu o trabalho de parto, e a mandaram para casa. Voltou uma semana depois, e o bebê nasceu cianótico. Estava quase morto. Ficou na UTI por três dias, e mais doze dias no hospital, em observação. O pai relata que seu desenvolvimento foi normal, como o dos irmãos, e que só percebeu dificuldades após a morte da mãe. Ewerton foi para a escola com seis anos. No início, chorou, mas logo foi se acostumando. No mês seguinte, a mãe faleceu; então, não houve tempo de ver como seria seu desempenho sem a influência desse fato. As professoras dizem ao pai para ter paciência com ele e ajudá-lo, porque ele tem muitas dificuldades para aprender. Não sabe ler, e mal escreve seu nome. O pai, no entanto, tem pouco tempo, e só pode ajudá-lo em seu dia de folga. Na escola, tem bom comportamento, relaciona-se bem, a não ser que alguém fale algo que envolva a mãe; nesse caso, ele agride. Ele era muito ligado à mãe, muito carinhoso com ela. Quando o pai lhe contou que ela tinha morrido e ido para o céu, ele perguntou se ainda iria vê-la, e o pai disse que sim. Acha que ele não entendeu o que aconteceu. Há cerca de dois anos o pai lhe contou a forma como a mãe morreu, e que o tio a matou. Ewerton disse que ainda bem que esse tio também já morreu, porque, senão, quando crescesse, ia ter que matá-lo. Às vezes, conta para o pai que sonhou com a mãe, ou diz que ela veio dormir com ele, mas o pai evita dar sequência à conversa, para que ele não fique triste. Acha que ele é um bom menino, mas muito carente e revoltado.

Contato com a criança: A melhor forma que encontro para descrever Ewerton é dizer que ele é uma criança apavorada. Quando me aproximei dele na sala de espera e o convidei para subir, encolheu-se todo e ficou com os olhos cheios de lágrimas, como se fosse ser atacado. Mesmo quando chegou à porta da sala, junto com o pai, e quando tentei tranquilizá-lo, explicando o que tinha ali, e o que iríamos fazer, não conseguiu entrar sozinho. Precisou da presença do pai durante toda a sessão. Durante o atendimento não conseguia tomar iniciativas, mas não recusou o contato: respondia minhas perguntas, embora dificilmente me olhasse. Interessou-se pelo material, mas, a princípio, parecia não saber bem o que fazer com ele, e precisou de ajuda para realizar alguma atividade. Sua produção explicitou o medo refletido em seu olhar e em sua postura: histórias de perseguição policial, de roubos, de acidentes, super-heróis com poderes mágicos, para atacar, se defender e controlar os outros, para arranhá-los, espetá-los e fazê-los desmaiar. Essas histórias têm uma elaboração muito pobre, nem sempre mantêm uma sequência lógica, e parecem mais ideias esparsas, com precária organização. Os desenhos de Ewerton são minúsculos, quase sem cor, e refletem grande fragilidade, solidão e autodepreciação. Usou o espaço de forma extremamente limitada, tanto concretamente, na sala de atendimento, quanto na representação simbólica da folha de papel. Permaneceu alerta o tempo todo, mas, no decorrer da sessão, muito lentamente, foi se mostrando um pouco menos assustado.

ANÁLISE DO CASO

Esse é um caso que não pode ser analisado da mesma forma que os outros. Os trágicos acontecimentos que atingiram essa família deixaram marcas tão fortes, e determinaram de tal maneira a dinâmica que se pode observar atualmente que não é possível, no momento, avaliar o que existia antes e o que há por trás deles. É muito difícil, por um lado, ter uma ideia mais clara sobre como era a mãe, uma vez que o que se encontra é uma figura idealizada, da qual não se pode falar muito, para evitar mais sofrimento. O desenvolvimento da criança também é relatado, de maneira vaga, como tendo sido "normal". Nossa hipótese a respeito disso é de que, por um lado, o pai não acompanhou detalhadamente esse desenvolvimento. Ele trabalhava muito, e a mãe dedicava todo seu tempo a cuidar da família. Por outro lado, parece que qualquer dificuldade que tenha ocorrido antes da morte da mãe perdeu sua importância e se tornou irrelevante na visão do pai.

Em relação à criança, existem vários aspectos cujo significado precisaria ser avaliado para uma compreensão diagnóstica: além dos evidentes problemas emocionais, Ewerton apresenta sérias dificuldades de aprendizagem, e teve um episódio de anóxia neonatal importante, cujas consequências não foram investigadas. Mas não é o caso de se iniciar esse atendimento por uma avaliação diagnóstica detalhada. A nosso ver, o que encontramos é uma situação de emergência psicológica, que exige intervenção imediata. Uma compreensão diagnóstica mais ampla provavelmente só poderia ser atingida no decorrer do tempo.

O primeiro contato com o pai mostrou claramente o nível quase insuportável de sofrimento e angústia em que ele tem vivido. Ele utilizou a escuta clínica oferecida para falar demorada e detalhadamente sobre as tragédias familiares de uma forma que não tinha falado até então durante os três anos decorridos desde a morte da esposa. Contou, com todas as minúcias, as situações que viveu, desde a madrugada que passou sozinho procurando por ela, no dia de sua morte, as lembranças da última vez que a viu, o desespero de não saber o que estava ocorrendo quando a filha também desapareceu, um ano e meio depois, o medo do que poderia ocorrer com seus outros filhos, os detalhes do rosto da filha em estado de decomposição, quando foi reconhecer o cadáver no Instituto Médico Legal, todo o processo que viveu como a destruição de uma vida familiar que considerava feliz e na qual estava conseguindo realizar suas aspirações. Além disso, falou sobre as dificuldades para continuar: a impossibilidade de manter todos os filhos junto dele; a saudade dos que estão longe, e que só pode visitar raramente; a obrigação de trabalhar muito para suprir as necessidades financeiras, o que não lhe permite dar mais atenção aos filhos que estão com ele; a vida num local muito distante e sem recursos. Ao sair dessa entrevista, comentou que a clínica é um lugar muito bonito, tranquilo, no qual se sentiu muito bem. Mesmo se utilizarmos referenciais modestos, a clínica não é um lugar muito bonito, e sim um local extremamente simples. Entendemos que o que o fez se sentir bem foi a possibilidade de, finalmente, falar sobre todos esses acontecimentos e ser ouvido.

O impacto contratransferencial dessa entrevista foi muito forte, não exatamente pelos fatos, já em si chocantes, mas especialmente pela forma como esse pai viveu e vive essas situações, por sua luta para tentar lidar com dificuldades muito maiores do que acha possível enfrentar e pela ausência de qualquer apoio social a ele e às crianças. Levando-se em conta nossas três décadas de intensa atividade clínica, em diferentes contextos, com diferentes parcelas da população, incluindo muitas situações de extrema gravidade de diferentes tipos, a intensidade da vivência contratransferencial nos deu uma medida do quanto podem ter sido patogênicas as vivências pelas quais a criança passou nos últimos três anos.

Submetido a situações sobre as quais não podia ter o menor controle, Ewerton teve sua vida totalmente alterada: perdeu a mãe, a quem, segundo o pai, era muito ligado; perdeu todos os irmãos, a mais nova por ter sido assassinada, e os outros porque foram morar com os avós em outro estado; ficou sozinho, morando apenas com o pai, a quem via muito pouco, e que se encontrava extremamente abalado emocionalmente, a ponto de precisar ser alertado por um familiar em relação à solidão e à tristeza que o menino estava vivendo.

Além disso, não pôde falar sobre os acontecimentos, nem ser ajudado a compreendê-los ou a expressar seus sentimentos e suas angústias.

CONCLUSÃO

Consideramos que esse caso demanda um tipo específico de intervenção breve, uma vez que se configura uma situação em que a intervenção é urgente e, portanto, deve ser iniciada de imediato. Não há possibilidade de uma avaliação diagnóstica mais abrangente, nem necessidade dela para estabelecer o foco, que se apresenta evidente. É preciso oferecer espaço para se trabalhar as perdas, as angústias e os sentimentos decorrentes: o ódio, o medo, a culpa, a profunda tristeza, tanto do pai quanto da criança. É preciso tentar abrir um espaço de comunicação entre eles, no sentido de ajudá-los a compartilhar esses sentimentos, não só com o terapeuta, mas entre si. Depois, ajudá-los a procurar caminhos possíveis para reorganizar suas vidas. Se isso fosse possível, no decorrer desse processo se tentaria construir uma compreensão diagnóstica mais clara, que permitisse decidir sobre a necessidade de outras formas de intervenção (outras modalidades de psicoterapia, avaliação neurológica, acompanhamento psicopedagógico etc.).

Nesse caso, isso não foi possível. A intervenção foi iniciada de imediato, já na primeira entrevista. No entanto, depois de dois encontros com o pai e um com a criança, eles deixaram de comparecer, e não conseguimos mais contato. Não pudemos ter clareza sobre os motivos que levaram o pai a interromper o atendimento. Por um lado, razões objetivas podem ter contribuído: a enorme distância, que fazia que ele precisasse utilizar metade de seu único dia de folga semanal para vir à clínica, deixando em casa o filho mais velho, e o ônus financeiro do transporte. Por outro lado, consideramos muito provável que, ao lado do alívio imediato, o sofrimento provocado pelo jorro intenso de todas as lembranças tenha sido intolerável e mobilizado, novamente, a necessidade de se calar.

Em relação à proposta de análise que orienta esse trabalho, podemos observar, em Ewerton, prejuízos importantes no desenvolvimento que atingem diferentes áreas e se referem a diferentes fases: no relacionamento interpessoal, no desenvolvimento da autonomia, na expressão dos sentimentos, na produção intelectual. Não se pode, no entanto, de início, rever o processo de desenvolvimento e discriminar o quanto as dificuldades atuais são consequências das situações traumáticas que interromperam seu curso. Apenas como exemplo: mesmo que, na fase inicial, a criança tivesse podido estabelecer um nível adequado de confiança básica no outro e na vida, é difícil imaginar que essa confiança pudesse sobreviver a situações às quais se viu submetida. Assim, temos um caso com características especiais, em que seria preciso atender primeiro a urgência que se apresenta para posteriormente buscar uma compreensão diagnóstica mais ampla, que orientasse ações futuras. Apesar disso, optamos por apresentar o caso, para ilustrar um tipo específico de situação que surge muitas vezes na prática clínica, em que a indicação da psicoterapia breve é feita por critérios baseados na necessidade e na urgência, e o foco está localizado na própria situação traumática e em suas consequências. Esse é, portanto, um caso que ilustra os limites da utilização do referencial que estamos propondo, pelo menos na fase inicial do atendimento.

CASO CLÍNICO 6 – FERNANDA

Idade: 9 anos e 11 meses.

Escolaridade: 5º ano do Ensino Fundamental.

Mãe: Felícia, 43 anos, comerciária, Ensino Fundamental II incompleto.

Pai: Francisco, 49 anos, comerciário, Ensino Fundamental I completo.

Queixa: Fernanda fala muito pouco em casa, e não fala com ninguém fora de casa. Não conversa e não responde perguntas. Se estiver sozinha com alguém que conheça bem, fala um pouco, mas não se houver outras pessoas perto. Na escola, às vezes, conversa um pouco com as colegas. Em outros locais, não se aproxima de outras crianças, não brinca, fica sozinha, perto dos pais. Isso ocorre desde que tinha três ou quatro anos, e os pais não sabem a que atribuir esse comportamento. Além disso, segundo o pai, "tem outro problemazinho: de chegar na escola e pegar coisinhas das crianças, brinquedozinho, e levar pra casa". A mãe diz que é "um probleminha, que ela gosta de pegar coisinhas simples que ela vê, e isso é chato". Uma vez pegou um anel, na casa de parentes, e já se apossou de pequenas quantias em dinheiro, do pai, com as quais comprou doces. Ele lhe deu umas palmadas, e acha que ela já está parando de fazer isso. No entanto, durante o atendimento, relatou que ela pegou uma carteira e um telefone celular, na casa de parentes.

Constelação familiar: Fernanda mora com os pais, um irmão de um ano e dois meses e um meio-irmão adolescente por parte de mãe. Tem ainda quatro irmãs adultas por parte de pai. Esse é o segundo casamento, tanto do pai quanto da mãe.

Histórico

Pai: Nasceu na zona rural da região Nordeste do país, e teve uma infância de muito trabalho na agricultura, com os pais e muitos irmãos. Diz que todos se davam muito bem. Aos 14 anos foi morar com um primo, e com 19 anos veio para São Paulo, morar com outros primos. Teve um primeiro casamento que durou vinte anos, do qual nasceram quatro filhas.

Mãe: Assim como o pai, nasceu na zona rural da região Nordeste, teve muitos irmãos e uma infância com muito trabalho e carências materiais. Diz que sua mãe era uma pessoa boa, mas batia muito nos filhos, por qualquer motivo, como faziam as pessoas daquela época. Além disso, nunca foi carinhosa, tinha um filho atrás do outro e muito trabalho, não havia tempo para isso. Acha que, nesse aspecto, é como ela: também trabalha muito e não é carinhosa. Tenta dar um pouco mais de atenção para o filho mais novo, que ainda é muito pequeno, mas já chega do trabalho cansada e tem muitos afazeres em casa.

Aos 16 anos saiu de casa e foi para a cidade, trabalhar como empregada doméstica. Estranhou no início, mas depois se acostumou. Alguns empregos não deram certo, porque se sentia explorada ou assediada pelos patrões; então, veio para São Paulo. De início morou com parentes, e depois com um namorado. Tiveram um filho e, quando a criança estava com 6 meses, seu companheiro começou a se alcoolizar e a ficar muito violento. Batia muito nela, "ficava parecendo um louco". Quando seu filho estava com quatro anos, ela saiu de casa.

Sempre trabalhou muito e, atualmente, tem apenas um dia de folga por semana, e nesse dia tem muito trabalho em casa. Gostaria de trabalhar menos, mas não consegue, porque a renda do marido não é suficiente, já que ele tem que ajudar a primeira mulher e uma filha doente. Quando vê, o dia de folga já acabou, e não houve tempo para dar atenção aos filhos.

Pais: Os pais se conheceram no Nordeste e namoraram no início da adolescência. Quando o pai veio para São Paulo e se envolveu com outra pessoa, romperam o relacionamento. Encontraram-se novamente quase vinte anos depois, quando a mãe já estava separada de seu primeiro companheiro, e o pai ainda estava casado. Recomeçaram o namoro, e a mãe engravidou de Fernanda. Quando o bebê tinha alguns meses, o pai se separou de sua primeira esposa e veio morar com elas. Ele também bebia muito, mas, ao contrário do primeiro companheiro da mãe, quando alcoolizado, ficava quieto. Ela é que brigava muito com ele, porque não gostava que bebesse. Ele parou há cerca de quatro anos, por causa da religião. Acham que se dão bem; a mãe diz que ela é que implica com ele, briga, porque chega em casa nervosa, por problemas no trabalho.

Frequentam a igreja pelo menos duas vezes por semana, e as únicas atividades sociais da família estão ligadas à religião. A mãe não visita nem parentes próximos, que moram muito perto. O pai, às vezes, leva Fernanda para brincar com as primas.

Fernanda: A gravidez não foi planejada. O pai, a princípio, ficou constrangido, porque ainda morava com sua primeira esposa e já tinha outras filhas para cuidar. A gestação e o parto correram bem, assim como o desenvolvimento de Fernanda na primeira infância. Sempre foi saudável, era uma criança alegre, depois dos 4 anos é que foi se fechando.

Quando pequena, não conseguia evacuar, e tinha, constantemente, perda de pequenas quantidades de fezes. Os pais têm muita dificuldade para explicar o que ocorreu. Dizem que ela fez um tratamento para "desentupir as tripas", e melhorou. Segundo o pai, "aplicaram remédio na tripa" quando ela tinha cerca de 3 anos. A mãe diz que esse tratamento ocorreu por volta dos 6 anos, e não entendeu como foi. Durante algum tempo ela não teve mais perda de fezes, mas depois isso voltou a ocorrer, e ocorre até hoje.

Foi para a creche com um ano e meio, e logo depois para a escola de Educação Infantil, mas a mãe acha que lá não aprendeu nada. Tem dificuldades na escola desde o início da alfabetização. No início, não falava e não fazia nada na sala de aula. Até o ano passado não tinha aprendido a escrever. A mãe acha que é falta de interesse e de atenção, porque ela só ficava rasgando papel ou se distraindo com alguma colega. Este ano está melhorando, e aprendeu a ler e escrever.

É muito apegada ao pai, quer ir aonde ele vai. Ele a leva para passear na casa de parentes, compra pequenos presentes ou doces e ficam mais tempo juntos. Não é tão apegada à mãe, que passa muitas horas no trabalho e fica pouco tempo com ela.

Os pais acham que ela já tem idade para ajudar em casa e que ela não ajuda. Se a mandam fazer alguma coisa, ou se não permitem que faça o que quer, ela chora, muitas vezes fechada no banheiro. Atualmente, está começando a responder para a mãe, negando-se a fazer o que ela lhe pede. A mãe, então, lhe explica que Fernanda precisa respeitá-la, e sempre tenta conversar antes de bater. Acha que o pai a mimou demais, é muito apegado a ela desde que ela nasceu. Se ele manda fazer alguma coisa, ela obedece. No período da manhã, Fernanda, junto com o irmão mais velho, cuida do irmão menor, enquanto a mãe está no trabalho e o pai está dormindo, porque trabalha à noite. Ela e o irmão mais velho brigam muito. Ela passa a maior parte do tempo em casa, vendo televisão, porque a mãe acha que as crianças da vizinhança não são boas companhias. Algumas vezes brinca com as primas, quando o pai a leva à casa delas.

Os furtos começaram quando tinha cerca de sete anos. Os pais perceberam que ela trazia pequenos objetos da escola e que pegara dinheiro em casa para comprar doces. Explicaram que não podia fazer aquilo, fizeram-na devolver os objetos, e, como o comportamento continuou ocorrendo, o pai bateu nela algumas vezes, mas não adiantou. Ele acha que, quando ela crescer, vai melhorar, inclusive em relação à timidez, mas a mãe não concorda, e já há algum tempo queria levá-la a um psicólogo. Não gosta de sair com ela, para evitar passar por algum constrangimento se ela pegar alguma coisa, e, quando saem, fica o tempo todo prestando atenção no que ela faz. Mesmo assim, às vezes ela pega algo sem que a mãe veja. Conversa com ela, explica que não pode fazer isso, e, algumas vezes, até chora quando está falando com ela sobre esse assunto.

Contato com a criança: Fernanda parece um pouco temerosa na chegada, relutante a me acompanhar. Não toma iniciativas e, como os pais haviam relatado, não fala. Escuta o que digo, responde sim ou não com acenos de cabeça, mas não emite nenhum som, mantém a boca trancada. Se pergunto algo que não permite apenas uma resposta sim ou não, simplesmente não responde. No decorrer da sessão, aos poucos começa a demonstrar interesse pelo material, mas sempre com grande cautela: primeiro observa demoradamente, depois dá a entender o que quer, e só age quando tem certeza de minha autorização. Quando resolve desenhar, no entanto, o faz de forma decidida e segura. Por vezes, escreve palavras ou frases curtas para responder minhas perguntas e, só depois de mais de trinta minutos de sessão, emite a primeira palavra, em volume quase inaudível. Durante os cinquenta minutos de nosso primeiro encontro, disse, no total, cinco palavras isoladas e uma frase: "eu não sei". Sua aproximação é lenta e cuidadosa, mas claramente observável: na segunda sessão, disse três palavras isoladas e seis frases, quatro delas por iniciativa própria.

ANÁLISE DO CASO

Pais

O pai tenta se mostrar sempre simpático e risonho, mesmo quando está falando de assuntos difíceis. Tenta sempre minimizar os problemas, utilizando diminutivos com muita frequência ("problemazinho", "pega coisinhas"). Só veio à clínica por insistência da mãe, considerando que, quando a criança crescer, as dificuldades se resolverão por si mesmas. Coloca-se de forma passiva e evita entrar em contato com a ansiedade, tentando negar ou eliminar o que o incomoda.

A mãe, por outro lado, parece muito insatisfeita com sua vida, mostra-se sempre cansada, acha que trabalha demais, mas também se coloca de forma passiva. Habituada desde sempre a uma vida de muitas dificuldades, parece não ver outra possibilidade.

Ambos têm histórias familiares que sugerem relacionamentos afetivamente superficiais, vêm de famílias com muitos filhos e muitas carências, saíram de casa ainda na adolescência, o pai sem um motivo claro, e a mãe para trabalhar e morar com outras famílias, com as quais também não estabeleceu relacionamentos significativos. Pelo contrário, sentiu-se explorada e desrespeitada. O relacionamento que construíram entre si também se revela distante e superficial: pouco se encontram no dia a dia, uma vez que têm horários de trabalho alternados, e quase não conversam. A vida social é muito restrita, praticamente só saem para ir à igreja.

No atendimento, essa distância também se evidenciou: a mãe parecia não ter intenção de comparecer, e só veio quando foi chamada, mas veio sozinha. A presença dos dois juntos só ocorreu na devolutiva, porque foi expressamente solicitada e, mesmo assim, após alguma demora e alguma insistência. Nas entrevistas, a mãe falou pouco e demonstrou pouca disponibilidade para comparecer, deixando claro que a vinda à clínica representava para ela mais uma sobrecarga.

Relação pais-criança

O padrão familiar de relacionamentos distantes e superficiais se repete na relação dos pais com a criança. A própria mãe diz que é parecida com sua mãe: muito pouco carinhosa e muito voltada para o trabalho e os cuidados com os afazeres domésticos. Tem pouco tempo para ficar em casa e, quando percebe, esse tempo já passou, porque está sempre atarefada. Além disso, acha que precisa dedicar sua atenção ao filho mais novo, que ainda é um bebê. Demonstra preocupar-se com os problemas de Fernanda, tanto que insistiu com o pai para que ela fosse inscrita na clínica, mas não se vê diretamente envolvida na existência deles nem na possibilidade de melhora.

O pai é mais presente na vida da criança: passa mais tempo com ela, leva-a para visitar as primas da mesma idade, mas a trata de forma bastante infantilizada, e fica preso a gratificações mais concretas, como pequenos objetos ou doces.

Frente aos sintomas da criança, os pais se sentem extremamente constrangidos, envergonhados e paralisados, a não ser para atitudes de punição. Como não conseguem analisar as situações de forma mais aprofundada e abstrata, não conseguem entender como Fernanda, com os furtos, faz o oposto do que lhe foi ensinado, inclusive dentro de estritos preceitos religiosos. Esse sintoma é tão perturbador para eles que tentam minimizá-lo ou negá-lo, mas isso não lhes é possível, uma vez que ele vem se agravando. Também os envergonha o fato de Fernanda se isolar no ambiente da igreja que frequentam, não responder às pessoas que falam com ela e não participar das atividades. Não conseguem perceber a relação disso com o fato de que eles mesmos falam muito pouco com a criança e, quando o fazem, é para lhe dar ordens ou conselhos. Não há conversas, não lhe contam coisas, não demonstram interesse em saber o que se passa com ela, não permitem que ela se relacione com crianças da vizinhança. Além disso, esperam que ela assuma parte das funções da mãe, enquanto esta trabalha: que cuide do irmão mais novo e que faça os trabalhos domésticos. Essas expectativas estão diretamente relacionadas às experiências de vida que eles tiveram.

Criança

Fernanda demonstra nítida relutância para iniciar o contato e excessiva cautela, mas é capaz, aos poucos, de se aproximar e, com muito cuidado, até de pedir o que quer. Essa relutância não é difícil de compreender, uma vez que ela teve até hoje poucas possibilidades de se expressar de maneira espontânea. Passa a maior parte de seu tempo cuidando do irmão mais novo, fazendo serviços domésticos ou assistindo à televisão.

Os sintomas de Fernanda são, a princípio, difíceis de compreender, especialmente seu quase mutismo, porque ele dificulta o acesso a um maior número de dados. Com um tempo um pouco maior de observação cuidadosa, pudemos levantar a hipótese de que ele aglutina diferentes significados. Por um lado, revela o fato de que ela teve poucas oportunidades de desenvolver a capacidade de se expressar e de acreditar no interesse do outro. Revela também um autocontrole exagerado, para atender às expectativas de um ambiente muito restritivo. Sendo uma criança que recebe tão pouca atenção, os furtos também sugerem uma maneira de obter para si o que não é dado espontaneamente.

Não se pode deixar de considerar o quanto esses dois sintomas são especialmente incômodos para os pais, a ponto de os terem mobilizado a dar maior atenção ao que se passa com Fernanda. Nesse sentido, eles são o protesto mudo da criança, a forma indireta de atacar os pais e de pedir ajuda, a única forma como, ao que tudo indica, conseguiu ser ouvida. Mesmo com o distanciamento da mãe e com as tentativas do pai de minimizar a importância dos sintomas, eles não puderam deixar de se preocupar com a situação.

No material de Fernanda, observam-se referências praticamente exclusivas aos contextos familiar e escolar, aos quais suas experiências estão limitadas. Traz indícios de sentir a casa como afetivamente árida, sentimentos de ser excluída e maior ligação com a figura paterna. Mostra desejos de identificação com a figura da professora, valorizando seu conhecimento e sua posição de autoridade. Apesar da restrição que se impõe para se expressar, quando se sente mais confiante, na situação de atendimento, faz desenhos interessantes, coloridos, com boa elaboração e originalidade, e é capaz de brincar, revelando recursos que são pouco perceptíveis à primeira vista. Assim, as dificuldades parecem se concentrar mais na expressão verbal, em especial em sua forma oral.

CONCLUSÃO

Observa-se em Fernanda, inicialmente, grande desconfiança, mas não tão grande que a tenha levado a desistir de tentar uma aproximação ou perder a possibilidade de ter esperança nos relacionamentos. Aproxima-se com muita cautela, precisa de tempo e de demonstrações explícitas de que não há risco, e age de forma a levar o outro a lhe dar essa garantia. Se puder contar com isso, sente-se aos poucos mais confiante, e faz uma lenta aproximação, mantendo sempre alguma cautela.

Aceita com reservas o que lhe é dado, pede com cuidado e indiretamente aquilo de que necessita, não toma de maneira mais ativa e independente, e coloca-se de forma extremamente retraída. Não há, portanto, uma relação de equilíbrio entre confiança e desconfiança, revelando-se uma exacerbação da desconfiança protetora, que permite supor falhas moderadas na regulação precoce mãe-bebê, de acordo com o referencial de Erikson.

Isso está de acordo com os dados do histórico familiar, em que há pouco espaço para a dependência e para as necessidades infantis, e se espera que a criança cresça rapidamente, para poder dividir os encargos e não ser, ela mesma, mais um encargo. Essa é a história dos pais, e é também o que eles esperam de Fernanda: que assuma, com o irmão mais novo, a maior parte das funções maternas, e que auxilie nos serviços domésticos.

Essa expectativa de um crescimento rápido, no entanto, é restrita à possibilidade de não precisar depender, mas não se refere a ter espaço para desenvolver a autonomia. Quanto aos aspectos ligados à fase retentivo-eliminatória, o ambiente familiar não permite o desenvolvimento da vontade própria e da iniciativa nem a expressão da agressividade, mas espera uma aquiescência às regras e obrigações e um autocontrole exacerbado, não favorecendo o equilíbrio entre "reter" e "soltar". Observa-se que, para os pais, seria muito difícil oferecer autonomia e independência porque também eles, em suas vidas, não se sentem autônomos: estão insatisfeitos, sentem-se sobrecarregados e sem saída, a não ser a de manter uma rotina de vida limitada e empobrecida, da qual precisam que Fernanda participe, para que não se sintam ameaçados.

Essa organização não favorece a espontaneidade e a capacidade de fantasiar e de brincar como vias de expressão e de elaboração. O nível de frustração é elevado, o espaço é restrito, há muitas proibições e poucas permissões.

Parecem se concentrar aqui, principalmente, as dificuldades de Fernanda e as características de seus sintomas. Ela se submete, aparentemente, às expectativas parentais de um autocontrole rigoroso e a uma grande tolerância à frustração, não manifestando abertamente suas reações (chora fechada no banheiro). Mesmo porque a fragilidade dos pais não lhe permite um confronto direto (a mãe, quando fala com ela sobre os furtos, também chora). No entanto, utiliza esse autocontrole para provocar neles insatisfação e constrangimento, por meio de seu mutismo, e age de forma a conseguir gratificações às escondidas, por meio dos furtos.

Esses sintomas, por um lado, desadaptativos e geradores de consequências negativas secundárias; por outro, representam aspectos de Fernanda que se insurgem contra a submissão exagerada e lutam por suas necessidades, conseguindo mobilizar a atenção do ambiente.

O que se observa aqui, portanto, são prejuízos no desenvolvimento que não parecem representar graves comprometimentos ou detenções importantes, mas principalmente reações pouco adaptativas a um ambiente desfavorável, que não oferece continência e permissão para um crescimento saudável.

Os prejuízos que se evidenciam em aspectos relacionados às fases subsequentes, a idade do brincar e a idade escolar, dizem mais respeito a dificuldades na utilização e na expressão mais aberta das potencialidades do que à sua ausência. Todos os recursos são utilizados cautelosamente e ficam um tanto escondidos à observação: a capacidade de ampliar as relações interpessoais, de utilizar a imaginação e a fantasia, a identificação com modelos positivos, a capacidade de iniciativa e a produtividade. As possibilidades de Fernanda estão lá, e aparecem em seus desenhos de colorido agradável e composição criativa, mas só quando ela se sente suficientemente confiante e, mesmo assim, de maneira cautelosa.

As características do caso exigem certos cuidados no planejamento de uma psicoterapia breve. Quando se trabalha com crianças mais velhas, já nas fases finais da infância, é possível esperar, na ausência de patologias graves, certo grau de independência, o que permite centrar o trabalho principalmente na criança. Dito em outras palavras: no decorrer do desenvolvimento razoavelmente bem sucedido, a criança vai caminhando no sentido de maior independência, e o planejamento do trabalho acompanha esse processo, deslocando a atenção principal, cada vez mais, dos pais para a criança. Há situações, no entanto, em que questões específicas modificam esse panorama, e esse nos parece o caso. A psicoterapia de Fernanda certamente buscaria ajudá-la a se expressar mais livremente, a se utilizar de um autocontrole menos intenso, a buscar formas de satisfação menos indiretas e camufladas. Considerando-se as condições e as expectativas dos pais, pode-se prever que esse tipo de mudança os assustaria e acirraria os conflitos e os desentendimentos, levando-os a aumentar a pressão e as medidas punitivas e coercitivas sobre a criança. Para evitar que isso ocorra, é necessário que os pais sejam ajudados a, pelo menos, tolerar as mudanças.

Portanto, o processo terapêutico deve buscar uma sintonia fina entre o processo da criança e o dos pais. Algum conflito nesse sentido, a nosso ver, será inevitável, mas é preciso realizar todos os esforços possíveis para que ele não resulte na interrupção do trabalho, ou não amplifique as desavenças familiares. Assim, o planejamento da psicoterapia deve incluir:

Com os pais

FOCO: dificuldades em relação à autonomia e à possibilidade de buscar satisfação, inclusive nos relacionamentos interpessoais e, portanto, dificuldades de oferecer à criança essas possibilidades.

OBJETIVOS: favorecer aos pais a compreensão de suas próprias necessidades e das necessidades da criança, abrindo espaço para maior expressão e para ampliação dos relacionamentos.

ESTRATÉGIAS: por meio da revisão histórica, buscar a compreensão empática das necessidades da criança, aumentando a tolerância a seus desafios; e intervenções de clarificação, numa relação de continência e de aceitação.

Com a criança

FOCO: dificuldade de se expressar de forma mais espontânea e de estabelecer relacionamentos interpessoais.

OBJETIVOS: favorecer os relacionamentos, a busca de satisfação e a expressão por meio da atividade lúdica e da verbalização numa relação de aceitação, que forneça inclusive, novo modelo de identificação.

ESTRATÉGIA: favorecer a formação de uma relação positiva, que permita a expressão mais livre e espontânea, inclusive da agressividade.

DIFICULDADES PREVISTAS: entre as dificuldades previstas, temos a pouca disponibilidade da mãe para participar. Embora ela considere importante o trabalho com a criança, exclui-se do problema e se mostra pouco disponível. Além disso, os pais demonstram ter padrões rígidos, pouco permeáveis à mudança. O risco de descompasso entre as mudanças da criança e a possibilidade dos pais de assimilá-las deve ser considerado e ser motivo de atenção especial, uma vez que pode acirrar os conflitos ou impedir a continuidade do trabalho.

PROGNÓSTICO: Fernanda demonstra que, de forma cautelosa, é permeável a mudanças. O prognóstico do caso depende, em grande parte, da possibilidade dos pais de desenvolver tolerância às mudanças da criança.

CONCLUSÕES

Para sintetizar e integrar as principais ideias aqui apresentadas, discutiremos os aspectos essenciais que compõem esta obra: o referencial teórico adotado, o procedimento utilizado e os dados clínicos obtidos. Em seguida, vamos apresentar uma síntese da proposta para análise desses dados, pautada na teoria do desenvolvimento de Erikson, visando à indicação e ao planejamento da psicoterapia breve.

PSICOTERAPIA BREVE INFANTIL

A partir do que foi exposto até aqui, tanto nos capítulos iniciais quanto na proposta de planejamento psicoterapêutico apresentada para cada um dos casos clínicos, depreendem-se as concepções que temos a respeito da psicoterapia breve infantil e nossa forma de trabalho nessa modalidade de atendimento clínico. Vamos, no entanto, tentar explicitá-la. Entendemos a psicoterapia breve de crianças e pais como uma modalidade de psicoterapia com objetivos limitados e circunscritos, que é levada a cabo em um período também circunscrito, mas que busca oferecer a melhor ajuda possível, dentro das condições reais em que o trabalho se dá. Essas condições incluem as características dos pacientes, do terapeuta e da situação.

Quando falamos em oferecer a melhor ajuda possível nos referimos aos pais e à criança, uma vez que esta última é considerada necessariamente dentro de seu contexto familiar. A atenção profissional se dirige às relações que se constroem nesse contexto, e que são constitutivas do processo de subjetivação e de desenvolvimento da criança. Não nos referimos, nesta obra, a crianças que não contam com algum tipo de relação familiar estável, como as que estão institucionalizadas. Elas não foram incluídas em nossos objetivos, uma vez que demandariam estudo específico, que levasse em conta suas condições e necessidades especiais.

Oferecer a melhor ajuda possível, em nossa visão, exige ter a melhor compreensão que se possa ter do caso. Daí a importância que atribuímos à fase diagnóstica e ao planejamento do processo. Sabemos que nossa compreensão sobre o mundo psíquico de um indivíduo, ou de um grupo de indivíduos, será sempre muito limitada, parcial e temporária, mas, dentro desses limites, procuramos os alicerces para nossa ação terapêutica.

Uma intervenção focalizada, com objetivos circunscritos, pode incluir diferentes níveis e amplitudes de abrangência, uma vez que há uma variedade quase infinita de focos e de objetivos possíveis. A abrangência da proposta, para um caso específico, dependerá da combinação particular das características dos envolvidos e da situação em que estão inseridos. É muito difícil falar em níveis de aprofundamento do processo, porque os efeitos de uma intervenção podem ir muito além do que se esperava, em virtude da dinâmica do funcionamento psíquico. De qualquer forma, mesmo quando se trabalha com sintomas, ou quando se utilizam intervenções consideradas mais "superficiais", como orientação, informação ou esclarecimento, é necessário que se tenha uma compreensão sobre o significado e a função desse sintoma, ou que se tenha clareza sobre o significado que essas intervenções irão adquirir para quem as ouve e sobre o uso que farão delas. Um exemplo que pode ser encontrado com frequência: se uma mãe tem uma ideia depreciativa sobre suas capacidades de exercer seu papel, sente-se insegura e teme não conseguir criar bem seus filhos, tenderá a solicitar ao terapeuta orientações e conselhos sobre como agir. Atender a essa solicitação resultaria em uma confirmação da incapacidade da mãe, acentuando seus sentimentos de culpa e de insuficiência. Portanto, uma compreensão diagnóstica da situação é elemento essencial para a escolha da forma e do conteúdo das intervenções, diminuindo o risco de que elas sejam baseadas nos desejos do paciente, mas não em suas necessidades, ou em necessidades ou desejos do terapeuta.

Como já afirmamos anteriormente, o planejamento da psicoterapia não é um programa rígido a ser cumprido. É um plano prévio que será constantemente atualizado durante o processo, à medida que a própria compreensão da situação vai sendo atualizada, ampliada ou corrigida. Na verdade, ele se constitui mais em um guia para o terapeuta, e pode ser especialmente útil para terapeutas inexperientes ou em formação.

PSICODIAGNÓSTICO, PSICODIAGNÓSTICO INTERVENTIVO E PSICOTERAPIA BREVE

Psicodiagnóstico e psicoterapia não são duas formas de trabalho com limites estanques e claramente definidos. Durante um processo psicoterápico, o raciocínio diagnóstico, no sentido da busca da compreensão, está constantemente presente, como um guia para as intervenções. Por outro lado, não existe situação de atendimento psicológico, de qualquer tipo, sem intervenção. A própria relação interpessoal que se estabelece, a escuta clínica, a possibilidade de rever situações enquanto são relatadas, têm caráter interventivo, se tomarmos o termo no sentido amplo. Portanto, nesse sentido amplo, todo diagnóstico é interventivo. Observa-se, no entanto, já de algum tempo e, de forma acentuada, mais recentemente, uma tendência a se utilizar a expressão "diagnóstico interventivo" e até, algumas vezes, a usá-la com significado semelhante ao de "psicoterapia breve" ou "intervenção breve". Não é nosso objetivo principal nesta obra discutir essa questão, mas, na medida em que nos utilizamos de algumas dessas expressões, consideramos pertinente esclarecer em que sentido o fazemos e explicitar nossa visão.

Se todo diagnóstico psicológico é, em algum nível, interventivo, utilizar a expressão "diagnóstico interventivo" não seria redundância? Parece que não, da forma como ela tem sido utilizada (Ancona-Lopez, 1995; Santiago, 1995; Tardivo, 2007). O adjetivo tem marcado uma preocupação com o que consideramos uma questão ética na clínica, isto é, com o objetivo de tornar todo contato com o paciente significativo e útil para ele. Assim, não se está aqui considerando apenas a intervenção que ocorre naturalmente a partir do contato com o psicólogo e da disponibilização da escuta clínica, mas inserindo uma intenção do psicólogo de utilizar as possibilidades de intervenção que a situação clínica oferece.

Em relação à diferença entre "diagnóstico interventivo", "intervenção breve" e "psicoterapia breve", consideramos que, mesmo que os limites entre eles não sejam fáceis de estabelecer, é útil fazer uma tentativa de discriminação. A adoção de diferentes expressões, a nosso ver, se justifica se tivermos para elas um uso específico. Assim, entendemos que, no diagnóstico interventivo, há a intenção explícita, já citada, de ativamente buscar intervir, mas permanece, como objetivo principal, buscar a compreensão diagnóstica. Quando esse deixa de ser o objetivo principal, não se está mais realizando um psicodiagnóstico, mas uma intervenção, embora a busca da compreensão diagnóstica permaneça subjacente a todo processo de intervenção.

A expressão "intervenção breve" é geralmente utilizada quando o objetivo principal é o de realizar intervenção terapêutica, sem, no entanto, que se constitua em um processo psicoterapêutico, uma vez que é limitada a uma ou a algumas poucas sessões (geralmente até duas ou três). É o caso, por exemplo, das consultas terapêuticas ou das intervenções em situações de crise dirigidas à situação emergente. Um exemplo é o já citado trabalho de Ana Maria Trapé Trinca (2003), que propõe a realização de intervenções terapêuticas breves com crianças em situação pré-cirúrgica.

Na psicoterapia breve, o objetivo principal é a intervenção, e ela se constitui em um processo com começo, meio e fim. Nossa proposta é que se constitua um processo planejado, de maneira flexível, a partir de uma compreensão diagnóstica do caso.

Na prática, algumas vezes, a passagem de uma dessas formas de trabalho a outra se dá de maneira gradativa e sutil, e é difícil reconhecer claramente o momento da mudança. Em nosso trabalho, quando realizamos o diagnóstico seguido da psicoterapia, marcamos o momento da passagem com uma entrevista devolutiva, para discutir a síntese da compreensão obtida e a proposta terapêutica, incluindo foco e objetivos. Isso é feito explicitamente com os pais e com a criança, de acordo com suas possibilidades de compreensão e comunicação.

Utilizamo-nos, neste estudo, e em nossa prática habitual, do referencial do psicodiagnóstico compreensivo, conforme proposto por Walter Trinca (1983), com a intenção de que, sempre que possível, ele fosse interventivo. No entanto, tínhamos também a intenção de que ele fosse o mais breve possível, sem prejuízo de sua qualidade, em vista do objetivo de que ele servisse de base para o planejamento de uma psicoterapia breve, sempre que ela fosse necessária e possível.

MODELO DE ATENDIMENTO UTILIZADO PARA O PSICODIAGNÓSTICO

O modelo de atendimento que utilizamos não se constitui em contribuição original, na medida em que não guarda diferenças importantes em relação aos procedimentos habituais, dentro do referencial do diagnóstico compreensivo. No entanto, compõe uma combinação particular desses procedimentos, com ênfases próprias, que consideramos relevante ressaltar e detalhar.

Realizamos, no mínimo, duas entrevistas com os pais e um encontro com a criança, além de uma entrevista devolutiva com os pais. A devolução para a criança pode ser feita no último encontro com ela.

Para a realização das primeiras entrevistas solicitamos a presença dos pais (se ambos vivem juntos), ou do genitor, ou de outro adulto responsável pela criança, sem a presença dela. No entanto, aceitamos a situação como ela se apresenta e atendemos, a princípio, a quem comparecer, para, em seguida, definir como se dará a sequência do trabalho. No caso de o casal estar junto, o melhor é que venham os dois, o que nos dará uma visão mais próxima da situação real em que a criança vive, de como é cada um deles e da relação entre eles. No caso de os pais viverem separados, não tentamos forçar uma união solicitando o comparecimento conjunto, também porque essa situação costuma se tornar pouco produtiva. Na maioria das vezes, ou tentam exercer um controle mútuo, que compromete a espontaneidade, ou surgem desavenças que ocupam boa parte do tempo disponível. Portanto, se estão separados, mas ambos têm contato com a criança, propomos ouvi-los separadamente.

A opção por realizar, de início, entrevistas apenas com os pais, sem a presença da criança, atende a algumas razões: em primeiro lugar, pretendemos conhecer a criança que os pais nos apresentam, para depois poder compará-la com a criança real, quando ela comparecer; além disso, pretendemos não só ouvir a história da criança, mas a história dos próprios pais, e é importante que eles estejam à vontade para relatá-la, inclusive em relação a fatos, situações ou sentimentos que não exporiam na frente da criança. Se considerarmos relevante um atendimento conjunto entre pais e filho, poderemos fazê-lo posteriormente. Como já dissemos, no entanto, aceitamos a situação como ela se apresenta e consideramos o significado de os pais não atenderem à nossa solicitação quando isso ocorre. Foi o que aconteceu no caso de Carolina (caso clínico 3). A mãe nunca pôde comparecer sozinha, e nem só com seu marido. Trouxe sempre o filho mais novo, além de tentar introduzir a sogra nas entrevistas. Como se viu na análise do caso, esse foi um dado relevante e coerente com sua dinâmica psíquica.

Na realização das entrevistas com os pais, temos o objetivo de conhecer a história da criança, a dos próprios pais e as características da relação entre eles, inserida em seu contexto histórico e transgeracional. Em sua condução, a experiência clínica do psicólogo tem grande importância, uma vez que é necessário estabelecer um equilíbrio entre momentos mais abertos e períodos mais dirigidos. Além disso, é necessário saber rapidamente avaliar em quais aspectos se deter mais e aprofundar a pesquisa e quais são menos relevantes, para que se consiga uma compreensão do caso sem prolongar demais o processo. Em todo esse processo, é necessário estar muito atento à relação, assumindo uma postura não culpabilizante e facilitando o estabelecimento de um clima de aceitação, atenção e confiança.

De maneira geral, consideramos que duas entrevistas é um número adequado, se elas puderem ser bem utilizadas pelo profissional. A realização de duas entrevistas, com um intervalo de alguns dias entre elas, nos parece preferível à realização de uma única entrevista de duas horas. Queremos ver os pais em duas situações diferentes pelo menos, e o intervalo entre os encontros lhes dá a possibilidade de pensar sobre o que foi conversado, reunir novas lembranças, novas dúvidas e experimentar, na segunda entrevista, uma situação menos desconhecida do que na primeira.

Observamos que a revisão que se faz, da história da criança e da dos pais, muitas vezes já produz outros efeitos: provocar reflexão, trazer à consciência situações que se mantinham em nível pré-consciente, efeitos catárticos, possibilidades de estabelecer novas relações entre diferentes informações e até de atingir novas formas de compreensão. O pai de Ewerton (caso clínico 5) viveu claramente uma situação de catarse nas entrevistas, que provocou grande alívio imediato, embora sua posterior desistência nos tenha deixado dúvidas sobre os benefícios reais da situação.

Após as primeiras entrevistas com os pais, solicitamos a vinda da criança. Queremos conhecê-la, ouvi-la, saber como é sua percepção da situação, dar a ela a oportunidade de se expressar e de estabelecer conosco um contato significativo. Iniciamos sempre tendo na sala material lúdico, que inclui material gráfico, e procuramos respeitar e facilitar as formas de expressão mais acessíveis a cada criança, estando atentos aos vários níveis de comunicação (verbal, corporal, lúdico, gráfico etc.).

O convite inicial é para que a criança entre na sala apenas com o psicólogo, mas respeitamos seus limites, permitindo a presença de um dos pais quando necessário. Em dois dos casos avaliados neste trabalho (casos 1 e 5), as crianças necessitaram da presença dos pais durante todo o tempo da única sessão à qual compareceram. Ambas estavam muito assustadas, e a desconfiança demonstrada foi um elemento central na compreensão dos dois casos. Queremos com isso ressaltar que, quaisquer que sejam as intercorrências que modifiquem nossa proposta sobre o curso do processo, elas não devem ser encaradas como empecilhos, mas como informações, em geral extremamente relevantes para a compreensão diagnóstica.

A sequência do trabalho com a criança é definida de acordo com cada uma delas, utilizando-se os instrumentos que forem considerados mais úteis e de acordo com a forma de expressão de cada criança. Nos casos relatados nesta obra nos utilizamos, além da observação lúdica e da interação verbal, do desenho livre e do Procedimento de Desenhos-Histórias, que consideramos especialmente importante pela facilidade de utilização e pela riqueza de informações que permite obter. Adotamos sempre uma postura bastante flexível e atenta a o que o contato com a criança nos revela, buscando formas de comunicação significativas.

Nos seis casos aqui apresentados foram utilizadas técnicas expressivas e projetivas, sem serem incluídos outros tipos de instrumentos, para avaliação da inteligência ou do desenvolvimento psicomotor. Embora entre as crianças houvesse queixas de dificuldades de aprendizagem, elas se mostraram, em nossa avaliação, secundárias em relação às dificuldades de ordem emocional, ou até resultantes destas, as quais demandavam maior atenção. Permanece, porém, a possibilidade de que esses aspectos, que consideramos a princípio secundários, nesses casos, recebam atenção posterior, se houver necessidade; ou de que recebam atenção prioritária nos casos em que isso for necessário.

Optamos por devolver às crianças algumas de nossas percepções, ou realizar algumas intervenções já no decorrer dos contatos com elas, considerando que, assim, poderíamos utilizar o material mais vivo, no momento em que ele se fazia presente. Além disso, assim não haveria necessidade de uma sessão a mais, exclusivamente com o objetivo de realizar a devolutiva. Essa opção, no entanto, exige experiência do psicólogo e possibilidade de apreender rapidamente o significado do que a criança está expressando, além de capacidade para avaliar que tipo de intervenção pode ser utilizada, em que momento e de que maneira pode ser feita. Se não houver segurança quanto a isso, é melhor aguardar condições mais favoráveis.

No contato com a criança é preciso, ainda, que haja uma atenção ao tipo de relação que se estabelece com ela e às expectativas que se cria em função das perspectivas futuras. Se há grandes possibilidades de a psicoterapia se seguir à avaliação diagnóstica, com o mesmo psicólogo, configura-se uma situação diferente do que nos casos em que o trabalho se limitará à avaliação diagnóstica. Neste último caso, é preciso tentar estabelecer com a criança uma relação significativa, em que ela possa se sentir ouvida e compreendida, sem, no entanto, incentivar expectativas de continuidade, que serão frustradas e poderão confirmar fantasias de abandono e rejeição.

Durante todo o processo de avaliação, consideramos como eixos centrais norteadores a observação clínica e o raciocínio clínico que se faz sobre tudo o que é observado. São eles que indicam as direções a seguir, a escolha da forma de agir do profissional, os instrumentos a serem utilizados e as relações que se pode estabelecer entre as informações na busca de seu significado. Seguimos as diretrizes propostas por Walter Trinca (1983) quando ele afirma que, para se lidar com tantos elementos, que têm aparência caótica e desordenada, é preciso realizar uma escolha seletiva e focalizada daqueles que são nodais e essenciais. Estamos de pleno acordo com Ana Maria Trapé Trinca (2003) em relação ao fato de que o pensamento clínico é fundamental como elemento organizador da grande complexidade de variáveis que se apresentam. Isso inclui uma observação cuidadosa da transferência (e, muitas vezes, da pré-transferência), que revela padrões de relacionamento interpessoal. Esses padrões guardam fortes relações com os padrões de relação pais-filhos presentes na família. Inclui, ainda, atenção a dados contratransferenciais; quando se está com os pais, esses dados são especialmente úteis para uma compreensão empática da criança.

Quando nos referimos ao fato de que a observação e o raciocínio clínico orientam também a forma de agir do profissional, incluímos aqui a questão das intervenções e das devoluções, que fazemos de acordo com as condições de cada caso. Decidir se é adequado realizar intervenções no decorrer das primeiras entrevistas, quando realizá-las, de que tipo devem ser e que forma devem assumir depende de como são compreendidas as necessidades e as possibilidades da pessoa que estamos atendendo. Com a mãe de Bruno (caso clínico 2), adotamos, praticamente desde o início, uma postura interventiva, por um lado porque ela mostrou capacidade de observação e reflexão, por outro porque consideramos que as intervenções durante o diagnóstico já seriam suficientes no que concerne ao trato com a criança. Com o pai de Ewerton (caso 5), por outro lado, adotamos uma postura de escuta, realizando principalmente intervenções de compreensão empática e reasseguramento, uma vez que ele demonstrava grande necessidade de falar e de ser ouvido.

Essas intervenções, quase sempre não interpretativas, realizadas durante as entrevistas, representam também mais um dado importante na avaliação da disponibilidade para mudança. No caso clínico 3, as tentativas de intervenção reafirmaram a restrita possibilidade de escuta e de mudança da mãe de Carolina, ao passo que, no caso 4, a mãe de Denise mostrou-se sensível à possibilidade de se sentir valorizada. Já no caso 6, a mãe de Fernanda confirmou seu distanciamento e sua pouca participação na vida da filha por meio de uma quase indiferença ao que lhe era dito.

Ao final do processo de avaliação, realizamos com os pais uma entrevista devolutiva. Apesar das críticas que muitas vezes têm sido dirigidas a essa denominação, resolvemos mantê-la. Mesmo quando são feitas devoluções e intervenções no decorrer do diagnóstico, consideramos importante um momento final, de síntese do trabalho e da compreensão atingida. Desde o surgimento entre nós do livro de Ocampo et al. (1981), e a partir da grande influência que ele teve em nosso meio, temos clareza da importância desse momento e do trabalho que nele pode ser realizado.

TEORIA DO DESENVOLVIMENTO DE ERIK ERIKSON

O trabalho de Erikson parte de uma visão da criança contextualizada em seu ambiente familiar e social, integra a análise dos aspectos intrapsíquicos às demandas de adaptação às exigências do meio, considera os pais como parte integrante do processo de desenvolvimento da criança e traz a perspectiva do desenvolvimento como um todo. Essas características se revelaram especialmente importantes na compreensão dos casos clínicos.

Além disso, pudemos verificar, por meio dos casos, a presença e a relevância de alguns dos eixos centrais dessa teoria, que passaremos, em seguida, a analisar.

De acordo com Erikson, em cada fase há uma crise central a ser enfrentada, e temos aqui, portanto, a noção de crise de desenvolvimento, necessária ao crescimento e ao nascimento de novas possibilidades, desde que o indivíduo conte com recursos necessários para solucioná-la de maneira saudável. Procuramos nos casos clínicos, portanto, não só as crises ou os conflitos presentes, mas a compatibilidade ou não entre as características dos conflitos e a fase de desenvolvimento da criança, seus recursos para lidar com eles e os recursos do ambiente para auxiliá-la nessa tarefa. Ou seja: a distância que existia entre as características dos conflitos vividos pela criança e aqueles esperados para sua faixa etária, além da gravidade dos prejuízos desencadeados por resoluções insatisfatórias dos conflitos atinentes a fases anteriores. A saúde não significa ausência de conflitos, mas sim a vivência de conflitos compatíveis com o momento do desenvolvimento e a existência ou a possibilidade de desenvolver recursos para lidar com eles.

Um claro exemplo disso é o caso de Bruno (caso 2), uma criança que vivia a tristeza da ausência do pai e se encontrava às voltas com conflitos relacionados a competição e rivalidade e com desejos onipotentes de ser grande e poderoso, mas conseguia levar em conta os dados da realidade e se utilizar de mecanismos de defesa adaptativos. As dificuldades de Bruno se mostraram compatíveis com sua fase de desenvolvimento, além de ele demonstrar que tinha resolvido satisfatoriamente as crises relativas às fases anteriores e de contar com provisão ambiental adequada. Foi considerada uma criança que vem se desenvolvendo de maneira satisfatória, sem necessidade, no momento, de ajuda psicoterapêutica.

É fundamental, para essa análise, o fato de que a teoria de Erikson é epigenética, ou seja, pressupõe que o desenvolvimento de uma fase depende do desenvolvimento das fases anteriores, que uma "surge sobre" a outra, no espaço e no tempo, de forma hierárquica. Todos os casos clínicos analisados mostraram claramente como prejuízos importantes em uma determinada fase determinam consequências negativas em todas as fases posteriores, e como não é possível o desenvolvimento adequado em uma determinada etapa se as tarefas anteriores não puderam ser enfrentadas satisfatoriamente. Isso não significa uma visão fatalista, de que os prejuízos sejam irreversíveis. O próprio Erikson (1976) afirma que, em cada fase, podem-se encontrar novas soluções para os problemas prévios. Mas não se podem pular etapas, nem dar conta adequadamente de novos desafios, se há crises nucleares anteriores mal resolvidas.

Outra afirmação de Erikson (1976) que se evidencia nos casos apresentados é a de que a maior dificuldade na regulação mútua pais-criança ocorre no estágio retentivo-eliminatório. É uma fase que exige que os pais possam estabelecer um controle externo sobre a criança que não seja nem muito frágil, nem muito rígido, nem prematuro. Exige que eles sejam firmes, mas ao mesmo tempo tenham capacidade de conceder independência gradualmente e permitir o desenvolvimento e a afirmação da autonomia da criança. Apenas no caso de Bruno (caso clínico 2) pudemos observar uma elaboração claramente bem sucedida dessa fase. Não por acaso, ele também foi a única criança que pôde demonstrar autonomia e espontaneidade, e brincar de forma livre e criativa. A utilização do jogo como meio de expressão e de organização do mundo interior é uma possibilidade que se desenvolve de forma mais ampla na fase infantil-genital, ou idade do brincar, necessariamente tendo como base a resolução satisfatória dos conflitos nucleares das fases precedentes (a oral e a retentivo-eliminatória).

Em todas as outras crianças, mas em especial nos casos 4 (Denise) e 6 (Fernanda), observam-se dificuldades relacionadas à etapa retentivo-eliminatória, com consequências nas fases seguintes. Essas duas meninas se colocaram de maneira muito pouco espontânea, demonstraram prejuízos importantes no desenvolvimento da autonomia e da autoimagem; como resultados, sua produtividade e capacidade de aquisição de conhecimento e de relacionamento foram atingidas.

Alguns dos críticos de Erikson afirmam que sua teoria é reducionista (Welchman, 2000), na medida em que tenta limitar o desenvolvimento humano a um número restrito de etapas, e as dificuldades humanas, a um número limitado de conflitos. Após termos nos debruçado sobre suas ideias e utilizado-as na análise de casos clínicos, temos opinião exatamente oposta. A visão de Erikson, longe de ser reducionista, amplia nossa capacidade de compreensão e, ao mesmo tempo, a organiza. Conhecer os parâmetros que regem o desenvolvimento e as características centrais de cada etapa permite localizar as especificidades de cada caso individual em um contexto mais amplo, contando com referenciais organizadores do raciocínio clínico.

CASOS CLÍNICOS

O primeiro aspecto que queremos ressaltar se refere à variedade e riqueza que encontramos na prática clínica, exemplificada aqui pelos casos apresentados.

Encontramos, no caso 2 (Bruno), um exemplo de situação em que a criança está se desenvolvendo de forma saudável, e não há, no momento, necessidade de uma psicoterapia. A avaliação diagnóstica pode, então, ser uma oportunidade para reafirmar os aspectos positivos e realizar intervenções pontuais. Encontramos também exemplos de casos em que a psicoterapia breve foi considerada a indicação principal (caso 1, Abel), e em que ela é apenas uma indicação paliativa (caso 3, Carolina), ou uma tentativa intermediária de melhorar as possibilidades de aceitação de outra indicação (no caso, para psicoterapia a longo prazo). E ainda casos em que, embora tenhamos considerado que a psicoterapia breve era indicada, nos restaram dúvidas sobre a real disponibilidade dos pais para levá-la a cabo (caso 4, Denise, e caso 6, Fernanda). No caso 5 (Ewerton), como já relatado, consideramos que a psicoterapia breve estava não só indicada, mas tinha caráter de urgência. No entanto, ela não pôde ser realizada em virtude da interrupção do comparecimento do pai e da criança.

Não temos a pretensão de considerar que nossa análise dos casos seja a correta, nem que seja a mais adequada, muito menos a única possível. Sabemos que a riqueza do psiquismo humano permite sempre muitos olhares. Também em relação ao planejamento proposto para a psicoterapia, quando a consideramos indicada, sabemos que essa é apenas uma possibilidade. A escolha do foco e dos objetivos do trabalho depende de uma série de fatores, entre os quais, com grande relevância, a experiência do terapeuta, sua visão particular sobre esse tipo de intervenção e as condições com que pode contar para realizá-la. Além disso, o planejamento do processo é sempre provisório e, como já afirmamos, deve ir sendo confirmado ou corrigido durante seu curso, não só porque a compreensão diagnóstica vai-se ampliando, mas também porque há sempre a possibilidade da interferência de intercorrências imprevistas.

PARÂMETROS PROPOSTOS PARA A ANÁLISE DOS CASOS

Os parâmetros que estamos propondo para a análise do material clínico dizem respeito especialmente a formas de organizar o raciocínio para a construção do foco, ou seja, para a delimitação da área ou das áreas conflitivas que serão objeto principal da psicoterapia. A partir daí, poderão ser estabelecidos os objetivos do trabalho e as estratégias a serem utilizadas para atingi-los.

A importância de se levar em conta os conhecimentos sobre o processo de desenvolvimento reside especialmente no fato de que eles permitem saber se o ritmo e a intensidade das mudanças progressivas do funcionamento adaptativo, em determinada criança, se dão dentro do esperado. Permitem também identificar as variações que representam peculiaridades dentro da ampla gama de possibilidades individuais e discriminá-las das variações que fogem ao campo do desenvolvimento normal e que demandam cuidados especiais.

A integração dos conhecimentos que sustentam a psicoterapia breve infantil psicodinâmica com a teoria do desenvolvimento de Erikson e a análise dos casos clínicos sob essa ótica nos permitiu identificar a possibilidade de reunir a infinidade de dificuldades e conflitos possíveis em três grandes grupos, que vamos denominar dificuldades relacionais, dificuldades expressivas e dificuldades específicas.

Falamos em dificuldades relacionais quando consideramos que os principais empecilhos para o desenvolvimento saudável da criança ou seus principais conflitos se referem a questões ligadas ao relacionamento interpessoal. Levando-se em conta a teoria de Erikson, podemos dividir esse grupo em dois subgrupos, de acordo com as características dos conflitos vividos pela criança:

- Dificuldades relacionais do primeiro tipo: referem-se à construção do sentimento de confiança básica no outro e do sentimento de esperança, ligados à fase inicial ou primeiro período do desenvolvimento, e remetem às características da experiência vivida na relação dual mãe-bebê.

Têm ligação com a disposição receptiva e com a capacidade de obter e aceitar o que é dado.

- Dificuldades relacionais do segundo tipo: referem-se principalmente à terceira fase do desenvolvimento, a infantil-genital ou idade do brincar, dominada pelos modos de funcionamento intrusivo e inclusivo. Abrangem as relações interpessoais triangulares, expandidas à família básica, os sentimentos de ciúme e rivalidade, os processos de identificação e a delimitação de papéis.

O segundo grande grupo, que denominamos dificuldades expressivas, refere-se a conflitos ligados à expressão e manifestação dos próprios sentimentos e capacidades, e também pode ser dividido em dois subgrupos:

- Dificuldades expressivas do primeiro tipo: engloba conflitos relacionados à infância inicial, ou estágio retentivo-eliminatório – e, portanto, a reter e soltar –, à expressão e afirmação da própria vontade e autonomia e, especialmente, à manifestação da agressividade.
- Dificuldades expressivas do segundo tipo: são os conflitos relacionados à latência ou idade escolar; portanto, à capacidade de desenvolver competência por meio da aprendizagem formal, de utilizar os próprios recursos para produzir, de forma socialmente aprovada.

O terceiro grupo, o das dificuldades específicas, engloba situações pontuais, em que os conflitos foram gerados principalmente por determinadas intercorrências, como situações traumáticas, doenças, separações, e ainda se configuram como situações de crise, ou sintomas específicos, quando se os considera como foco do trabalho.

Essa divisão não supõe que existam conflitos puramente relacionais, ou puramente expressivos. Toda situação humana é, em princípio, relacional, e envolve, de alguma forma, a expressão da individualidade dos participantes. O que estamos propondo com essa divisão é uma atenção e uma focalização da característica principal das situações conflitivas, porque isso permite não só localizá-las em momentos específicos do desenvolvimento, como também reconhecer os aspectos principais do papel do terapeuta diante da situação. Esse papel tem relação direta com as funções parentais, que são facilitadoras do desenvolvimento, em cada uma de suas fases, e é nessa direção que deve ser construído o planejamento das estratégias terapêuticas.

Assim, no caso clínico 1, de Abel, temos como conflito central a desconfiança nas relações interpessoais, que limita a disposição receptiva; portanto, um conflito relacional do primeiro tipo, ligado ao estabelecimento do sentimento de confiança básica. A intervenção terapêutica terá que priorizar o estabelecimento do vínculo, tentando favorecer o desenvolvimento da confiança. O papel do terapeuta, como já afirmamos, terá relação com a função materna no início da vida: oferecer regularidade e estabilidade para demonstrar que o mundo e as pessoas são confiáveis.

No caso 2, de Bruno, os conflitos centrais são relacionais do segundo tipo, ligados aos processos de identificação e da discriminação de papéis na família, à rivalidade e à competição com figuras parentais. São conflitos compatíveis com a idade e com a fase do desenvolvimento da criança. Além disso, esta demonstra condições pessoais e conta com provisão ambiental adequada para lidar com eles. Portanto, conclui-se que a criança está se desenvolvendo de forma saudável.

No caso 3, de Carolina, não é possível identificar conflitos centrais ou circunscritos, mas observam-se dificuldades importantes ligadas a todas as etapas do desenvolvimento infantil. Além disso, o ambiente familiar é pouco permeável a mudanças. Não é, portanto, um caso para intervenção focalizada, e a proposta de trabalho visa apenas à sensibilização para um encaminhamento posterior a uma psicoterapia a longo prazo.

As dificuldades centrais de Denise, caso 4, são expressivas do primeiro tipo, ligadas à etapa retentivo-eliminatória, e não permitem que ela se mostre de forma espontânea, entre em contato com seus sentimentos, em especial os agressivos, desenvolva autoimagem positiva e se adapte a limites e regras. O papel do terapeuta deve incluir o estabelecimento de um controle adequado, que permita maior expressão e desenvolvimento de autonomia, dentro de limites firmes e estáveis, o que, novamente, tem relação direta com as principais funções dos pais na etapa anal-uretral.

Em Ewerton, caso 5, identificamos a existência do que denominamos conflito específico, gerado pelas situações traumáticas das mortes da mãe e da irmã, e por todas as consequências na vida da criança que se seguiram a elas. Não se trata exatamente de uma situação de crise, mas dos resultados patológicos de uma crise intensa, que não pôde ser bem solucionada. Essas consequências se impõem como foco do trabalho e demandariam atenção imediata, se isso tivesse sido possível.

No caso 6, Fernanda, observam-se dificuldades ligadas à primeira etapa do desenvolvimento, que se acentuam na segunda etapa; portanto, identificamos principalmente conflitos expressivos do primeiro tipo. Eles se relacionam a um controle ambiental precoce e rigoroso, ao qual a criança reagiu utilizando-se de vias indiretas de expressão e de busca de gratificação. Isso gerou prejuízos na adaptação e no desenvolvimento de habilidades relacionadas às etapas subsequentes do desenvolvimento. O terapeuta, ao oferecer oportunidades de expressão mais espontânea, deve estar atento à possibilidade dos pais de tolerar as mudanças da criança.

O reconhecimento de quais são os conflitos centrais de uma criança, e de com qual fase do desenvolvimento eles se relacionam não implica que esses conflitos centrais sejam escolhidos como foco da psicoterapia breve, como fizemos no planejamento dos casos que apresentamos. A construção do foco deve levar em conta vários aspectos, entre os quais, especialmente, o prognóstico do trabalho dentro das condições reais em que será realizado. A inexperiência do terapeuta, circunstâncias externas limitadoras do número e da frequência das sessões, as condições dos pais, entre outros fatores, podem indicar a necessidade da escolha de objetivos mais modestos. Qualquer que seja o plano de trabalho, o foco e os objetivos escolhidos, consideramos, porém, que a cuidadosa compreensão diagnóstica do caso, das capacidades e recursos da criança e dos pais, de suas principais dificuldades e conflitos e de seu processo de desenvolvimento darão ao terapeuta condições mais favoráveis para a realização de seu complexo trabalho.

REFERÊNCIAS BIBLIOGRÁFICAS

ABERASTURY, A. Transtornos emocionales en el niño vinculados con la dentición. *Revista Argentina de Odontología,* v. 39, n. 8, p. 357-359, 1951.

______. (org.). *El psicoanalisis de niños y sus aplicaciones*. Buenos Aires: Paidós, 1972.

ALEXANDER, F.; FRENCH, T. M. *Terapeutica psicoanalítica*: Principio y aplicacion. Trad. L. Fabricant. Buenos Aires: Paidós, 1956.

ALLEN, F. H. *Psychotherapy with Children*. New York: Norton, 1942.

ANCONA-LOPES, M. (org.). *Psicodiagnóstico*: *processo de intervenção*. São Paulo: Cortez, 1995.

ARTHUR, H. A comparison of the technics employed in psychotherapy and psychoanalysis of children. *American Journal of Orthopsychiatry,* v. 22, p. 484-498, 1952.

CRAMER, B. Interventions thérapeutiques brèves avec parents et enfants. *Psychiatrie de l'Enfant*, v. 17, n. 1, p. 53-117, 1974.

______. *Segredos femininos*: de mãe para filha. Trad. Patrícia Chittoni Ramos. Porto Alegre: Artes Médicas, 1997.

______.; PALACIO-ESPASA, F. *Técnicas psicoterápicas mãe/bebê*. Trad. Francisco Franke Settineri. Porto Alegre: Artes Médicas, 1993.

ERIKSON, H. E. *Infância e sociedade*. 2. ed. Trad. Gildásio Amado. Rio de Janeiro: Zahar, 1976.

______. *Identidade, juventude e crise.* 2. ed. Trad. Álvaro Cabral. Rio de Janeiro: Guanabara, 1987.

______. *Un modo de ver las cosas*: Escritos selectos de 1930 a 1980. Org. Stephen Schlein. Trad. Juan José Utrilla. México: Fondo de Cultura Económica, 1994.

______. *O ciclo de vida completo.* Ed. ampliada por Joan M. Erikson. Trad. Maria Adriana Veríssimo Veronese. Porto Alegre: Artes Médicas, 1998.

EVANS, R. I. *Diálogo con Erik Erikson.* Trad. Carlos Valdés Vasquez. México: Fondo de Cultura Económica, 1975.

FERENCZI, S. *Further contributions to the theory and technique of psychoanalysis.* Trad. J. I. Suttie. New York: Brunner/Mazel, 1980.

FREUD, S. Introduccion al narcisismo. In: ______. *Obras completas de Sigmund Freud.* 3ª ed. Trad. Luis Lopez-Ballesteros y de Torres. Madrid: Biblioteca Nueva, 1973a. v. II.

______. Los caminos de la terapia psicoanalítica. In: ______. *Obras completas de Sigmund Freud.* 3ª ed. Trad. Luis Lopez-Ballesteros y de Torres. Madrid: Biblioteca Nueva, 1973b. v. III.

GALLATIN, J. *Adolescência e individualidade*: uma abordagem conceitual da psicologia da adolescência. Trad. Antonio Carlos Amador Pereira e Rosane Amador Pereira. São Paulo: Harper & Row do Brasil, 1978.

GREENBERG, J. R.; MITCHELL, S. A. *Relações objetais na teoria psicanalítica.* Trad. E. de O. Diehl. Porto Alegre: Artes Médicas, 1994.

HUXLEY, J. *From an antique land:* Ancient and modern in the Middle East. New York: Harper and Row, 1966.

KNOBEL, M. Psicoterapia breve en la infancia. *Revista de Psiquiatria y Psicología Médica Europa y América Latina,* Barcelona, v. IX, n. 2, p. 74-81, 1969.

______. *Psiquiatría infantil psicodinámica.* Buenos Aires: Paidós, 1977.

______. *Psicoterapia breve.* São Paulo: E. P. U., 1986.

______. Psicoterapia breve em crianças e adolescentes. In: FICHTNER, N. (org.). *Transtornos mentais da infância e da adolescência.* Porto Alegre: Artes Médicas, 1997. p. 208-219.

LESTER, E. P. La psychothérapie brève chez l'enfant en période de latence. *Psychiatrie de L'Enfant,* v. 10, n. 1, p. 199-235, 1967.

______. Brief psychotherapies in child psychiatry. *Canadian Psychiatric Association Journal,* v. 13, n. 4, p. 301-309, 1968.

MACIAS, M. Psychothérapies brèves: leur place en pédopsychiatrie. *Neuropsychiatrie de l'Enfance,* v. 35, n. 6, p. 221-226, 1987.

MACKAY, J. The use of brief psychotherapy with children. *Canadian Journal of Psychiatry,* v. 12, p. 269-279, 1967.

MACLEAN, G. et al. A clinical approach to brief dynamic psychotherapies in Child Psychiatry. *Canadian Journal of Psychiatry*, v. 27, n. 2, p. 113-118, 1982.

MAHLER, M. *O processo de separação-individuação.* Porto Alegre: Artes Médicas, 1982.

MAIER, H. *Tres teorias sobre el desarrollo del niño*: Erikson, Piaget y Sears. Trad. Aníbal C. Leal. Buenos Aires: Amorrortu, 1991.

MANN, J. *Time-limited psychotherapy.* Cambridge: Harvard University Press, 1973.

MANZANO, J.; PALACIO-ESPASA, F. Introducción: Las psicoterapias breves con padres, niños y adolescentes: Los fundamentos teóricos y técnicos. In: ______.; ______. (orgs.). *Las terapias en psiquiatría infantil y en psicopedagogía.* Trad. Fernando Pardo Gello. Barcelona: Paidós Ibérica, 1993. p. 57-79.

MARMOR, J. Short-term dynamic psychotherapy. *The American Journal of Psychiatry*, v. 136, n. 2, p. 149-155, 1979.

MESSER, S. B.; WARREN, C. S. *Models of brief psychodynamic therapy* – A comparative approach. New York: The Guilford Press, 1995.

MITO, T. I. H. *Psicoterapia breve infantil*: contribuições para o delineamento do processo. 1996. 203 f. Tese (Doutorado em Psicologia). Pontifícia Universidade Católica de São Paulo, São Paulo, 1996.

______. Reflexões sobre os limites e alcances das abordagens breves nas clínicas-escola. In: ENCONTRO ESTADUAL DE CLÍNICAS-ESCOLA, Itatiba. 1998. *Anais do VI Encontro Estadual de Clínicas-Escola.* Itatiba: Universidade São Francisco, 1998. 1. Disquete.

______. Psicoterapia breve infantil: eixos norteadores do processo. In: CONGRESSO DE PSICOLOGIA CLÍNICA, São Paulo. 2001. *Anais do I Congresso de Psicologia Clínica,* v. 1. São Paulo: Universidade Presbiteriana Mackenzie, 2001. p. 157-162.

______; YOSHIDA, E. M. P. Psicoterapia breve infantil: a prática com pais e crianças. In: YOSHIDA, E. M. P.; ENÉAS, M. L. E. *Psicoterapias psicodinâmicas breves*: propostas atuais. Campinas: Alínea, 2004. p. 259-292.

MURATORI, F. *et al.* Efficacy of brief dynamic psychotherapy for children with emotional disorders. *Psychotherapy and Psychosomatics,* v. 71, n. 1, p. 28-38, 2002.

MURATORI, F.; MAESTRO, S. La psicoterapia breve secondo la scuola di Ginevra: Riflessioni attorno ad uma casistica di bambini sotto i 6 anni. *Giornale di neuropsichiatria dell'eta evolutiva,* v. 15, n. 3, p. 181-189, 1995.

OCAMPO, M. L. S. *et al. O processo psicodiagnóstico e as técnicas projetivas.* Trad. Miriam Felzenszwalb. São Paulo: Martins Fontes, 1981.

OLIVEIRA, I. T. Alcances e limites de um programa de *follow-up* aplicado à população infantil. In: CONGRESSO DE PSICOLOGIA CLÍNICA, São Paulo. 2001. *Anais do I Congresso de Psicologia Clínica,* v. 1. São Paulo: Universidade Presbiteriana Mackenzie, 2001. p. 184-188.

______. Critérios de indicação para psicoterapia breve de crianças e pais. *Psicologia: Teoria e Prática*, São Paulo, v. 4, n. 1, p. 39-48, 2002a.

______. O papel dos pais na psicoterapia breve de crianças. *Psikhê Revista do curso de Psicologia do Centro Universitário FMU*, São Paulo, v. 7, n. 1, p. 22-28, 2002b.

______. Psicoterapia breve infantil: revisão da literatura e delineamento de modelos de intervenção. *Encontro*, São Paulo, v. 11, n. 16, p. 49-74, 2007.

______. Mudança em psicoterapia breve infantil. In: TARDIVO, L. S. L. P. C. T.; GIL, C. A. (orgs.). *Apoiar*: Novas propostas em psicologia clínica. São Paulo: Sarvier, 2008. p. 71-80.

______; MITO, T. I. H. Reações vivenciais familiares em psicoterapia breve. In: SEGRE, C. D. (org.). *Psicoterapia breve.* São Paulo: Lemos, 1997. p. 137-154.

PALACIO-ESPASA, F. Possibilités d'interventions thérapeutiques brèves parents-enfants. *Psychiatrie de l'Enfant*, v. XXIV, n. 2, p. 419-444, 1981.

______. Indications et contra-indications des approches psychothérapeutiques brèves des enfants d'âge préscolaire et de leurs parents. *Neuropsychiatrie de l'Enfant*, v. 32, n. 12, p. 591-600, 1984.

______. Les indications thérapeutiques en psychiatrie infantile et l'implication de la famille. *Archives Suisses de Neurologie, Neurocirurgie et de Psychiatrie,* v. 136, n. 6, p. 165-173, 1985.

______.; CRAMER, B. Psychothérapies de la relation mère-enfant. *Revue de Médicine Psychosomatique,* v. 19, p. 59-70, 1989.

PALACIO-ESPASA, F.; MANZANO, J. La consultation thérapeutique des très jeunes enfants et leurs mères. *Psychiatrie de l'Enfant,* v. 1, p. 5-25, 1982.

______.; ______. Intra-psychic conflicts and parent-child interactions in brief therapeutic interventions. *Infant Mental Health Journal,* v. 8, n. 4, p. 374-381, 1987.

PROSKAUER, S. Some technical issues in time-limited psychotherapy with children. *Journal of the American Academy of Child and Adolescent Psychiatry,* v. 8, p. 154-169, 1969.

______. Focused time-limited psychotherapy with children. *Journal of the American Academy of Child Psychiatry,* v. 10, n. 4, p. 619-639, 1971.

ROSENTHAL, A. J.; LEVINE, S. V. Brief psychotherapy with children: a preliminary report. *American Journal of Psychiatry*, v. 127, n. 5, p. 106-111, 1970.

SANTIAGO, M. D. E. Psicodiagnóstico: uma prática *em* crise ou uma prática *na* crise? In: ANCONA-LOPES, M. (org.). *Psicodiagnóstico*: processo de intervenção. São Paulo: Cortez, 1995. p. 9-25.

SILVEIRA, S. M. F.; OUTEIRAL, J. O. Preparação psicoterápica de crianças para cirurgia: a propósito de dois casos clínicos. In: OUTEIRAL, J. O. (org.). *Clínica psicanalítica de crianças e adolescentes*: desenvolvimento, psicopatologia e tratamento. São Paulo: Revinter, 1998. p. 421-432.

SPITZ, R. A. O *primeiro ano de vida*. São Paulo: Martins Fontes, 2004.

TARDIVO, L. S. P. C. *O adolescente e sofrimento emocional nos dias de hoje*. São Paulo: Vetor, 2007.

______; GIL, C. A. *Apoiar*: novas propostas em psicologia clínica. São Paulo: Sarvier, 2008.

TARGET, M.; FONAGY, P. Efficacy of psychoanalysis for children with emotional disorders. *Journal of the American Academy of Child and Adolescent Psychiatry*, v. 33, p. 361-371, 1994.

TRINCA, A. M. T. *A intervenção terapêutica breve e a pré-cirurgia infantil*. São Paulo: Vetor, 2003.

TRINCA, W. *O pensamento clínico em diagnóstico da personalidade*. Petrópolis: Vozes, 1983.

______. (org.). *Formas de investigação clínica em psicologia*. São Paulo: Vetor, 1997.

WARREN, C. W.; MESSER, S. B. Brief psychodynamic therapy with anxious children. In: RUSS, S. W.; OLLENDICK, T. H. (ed.). *Handbook of psychotherapies with children and families*. New York: Kluwer Academic/Plenum, 1999. p. 219-237.

WELCHMAN, K. *Erik Erikson:* His life, work and significance. Buckingham: Open University Press, 2000.

WINNICOTT, D. W. *O brincar e a realidade*. Trad. José Octávio de Aguiar Abreu e Vanede Nobre. Rio de Janeiro: Imago, 1975.

______. Objetos transicionais e fenômenos transicionais. In: ______. *Textos selecionados:* da pediatria à psicanálise. Trad. Jane Russo. Rio de Janeiro: Francisco Alves, 1978. p. 389-408.

WINNICOTT, D. W. *O ambiente e os processos de maturação*: estudos sobre a teoria do desenvolvimento emocional. Trad. Irineo Constantino Schuch Ortiz. Porto Alegre: Artes Médicas, 1983.

YOSHIDA, E. M. P. *Psicoterapias psicodinâmicas breves e critérios psicodiagnósticos*. São Paulo: E.P.U., 1990.

______. Evolução das psicoterapias breves psicodinâmicas. In: ______.; ENÉAS, M. L. E. *Psicoterapias psicodinâmicas breves*: propostas atuais. Campinas: Alínea, 2004. p. 13-36.

______.; ENÉAS, M. L. E. *Psicoterapias psicodinâmicas breves*: propostas atuais. Campinas: Alínea, 2004.

Construindo ideias
e conectando mentes

Impressão e Acabamento | Gráfica Viena
Todo papel desta obra possui certificação FSC® do fabricante.
Produzido conforme melhores práticas de gestão ambiental (ISO 14001)
www.graficaviena.com.br